自己検証・危険地報道

安田純平 Yasuda Jumpei

危険地報道を考えるジャーナリストの会

土井敏邦 Doi Toshikuni

川上泰徳 Kawakami Yasunori

石丸次郎 Ishimaru Jiro

綿井健陽 Watai Takeharu

高橋弘司 Takahashi Hiroshi

五十嵐浩司 Igarashi Koji

a pilot of wisdom

目次

執筆者プロフィール

安田純平（やすだ　じゅんぺい）

１９７４年埼玉県生まれ。ジャーナリスト。一橋大学社会学部卒業後、信濃《しなの》毎日新聞に入社。在職中にイラクやアフガニスタンを取材。２００３年に退社し、フリージャーナリストに。07年から08年にかけて、イラク軍関連施設などで料理人として働きながら戦場の実態を取材し、『ルポ　戦場出稼ぎ労働者』（集英社新書）を刊行する。12年にシリア内戦を取材。15年6月、再びシリアを取材するためトルコ南部から入国したところで武装勢力に拘束され、18年10月、３年４カ月ぶりに解放された。

フィリップ・メスメール（Philippe Mesmer）

１９７２年パリ生まれ。フランスの夕刊紙「ル・モンド」東京特派員。99年にパリ高等ジャーナリズム学院で修士号取得。フランスのインターネット・ジャーナリズムで働いた後、2002年に来日。フリーランスとして、フランスの時事週刊誌「レクスプレス」や「ル・モンド」で働いてきた。

以下、「危険地報道を考えるジャーナリストの会」世話人

土井敏邦（どい　としくに）
1953年佐賀県生まれ。ジャーナリスト。85年より三十数年間、パレスチナ・イスラエルの取材を継続。93年よりビデオ・ジャーナリストとしても活動する。ドキュメンタリー映画作品に「届かぬ声——パレスチナ・占領と生きる人びと」（4部作）、「ガザに生きる」（5部作）など。著書に『アメリカのユダヤ人』（岩波新書）、『沈黙を破る』（岩波書店）など。

川上泰徳（かわかみ　やすのり）

1956年長崎県生まれ。中東ジャーナリスト。元朝日新聞記者。中東アフリカ総局長や編集委員を歴任。カイロ、エルサレム、バグダッドに駐在し、パレスチナ問題、イラク戦争、「アラブの春」などを取材。2002年度ボーン・上田記念国際記者賞を受賞。退社後は中東を拠点に活動。著書に『「イスラム国」はテロの元凶ではない』（集英社新書）、『シャティーラの記憶　パレスチナ難民キャンプの70年』（岩波書店）など。

石丸次郎（いしまる　じろう）

1962年大阪府生まれ。「アジアプレス・インターナショナル」大阪事務所代表。朝鮮世界の現場取材をライフワークとし、北朝鮮取材は3回、朝中国境地帯での取材は100回を超える。2002年より、北朝鮮国内にジャーナリストを育成する活動を開始し、北朝鮮内部からの通信「リムジンガン」の編集・発行人をつとめる。著書に『北朝鮮難民』（講談社現代新書）など。

綿井健陽（わたい　たけはる）

1971年大阪府生まれ。ジャーナリスト・映画監督。98年から「アジアプレス・インターナショナル」に参加、世界の紛争・戦争地域を取材。イラク戦争報道で、ボーン・上田記念国際記者賞特別賞、ギャラクシー賞（報道活動部門）優秀賞などを受賞。ドキュメンタリー映画『Little Birds イラク 戦火の家族たち』（2005年公開）、『イラク チグリスに浮かぶ平和』（14年公開）を撮影・監督。著書に『リトルバーズ――戦火のバグダッドから』（晶文社）。

高橋弘司（たかはし　ひろし）

1957年愛媛県生まれ。横浜国立大学准教授（ジャーナリズム論）。元毎日新聞記者。カイロ支局長、ニューヨーク支局長などをつとめ、2013年から現職。広島、長崎の被爆体験の継承問題に着目し、学術論文「『被爆証言』は米国の高校生にどう響いたのか」をまとめる。共著に『イスラーム圏で働く――暮らしとビジネスのヒント』（岩波新書）など。

五十嵐浩司（いがらし　こうじ）

1952年山形県生まれ。大妻女子大教授。元朝日新聞記者。大阪社会部で「グリコ・森永事件」を取材。ナイロビ支局長、ワシントン特派員、ニューヨーク支局長などを歴任し、テレビ朝日系「報道ステーション」のコメンテーターもつとめる。12年から現職。共著に『ヨーロッパ社会主義はいま』（朝日新聞社）、共編著の報告書『トップが語る3・11報道――主要メディアは何を考え、何を学んだか』など。

序章　なぜジャーナリストは危険地を取材するのか

土井敏邦

■外国人記者から見た日本人のジャーナリズム観

私たちが「危険地報道を考えるジャーナリストの会」（以下「危険地報道の会」）を立ち上げたのは、2015年1月にジャーナリスト・後藤健二さんが殺害された直後だった。この事件をきっかけにいっそう強まった危険地報道をするジャーナリストへの一般市民の批判、例えば「金稼ぎのために自分勝手に危険な戦場に行き、事故を起こして国や国民に迷惑をかける輩《やから》」という声に、私たちジャーナリスト自身が「自分たちの仕事は何のためにあるのか、なぜ危険地取材なのか」を訴えていかなければ、という思いからだった。

2015年6月にジャーナリスト・安田純平さんがシリアで拘束される事件が起こったとき、私たちは、安田さん解放のために日本政府が積極的に動くことを求めるとともに、社会に「このような事件があっても、危険地報道は重要であり、必要だ」と訴え続けてきた。

しかし残念ながら、後藤さん殺害事件以後、危険地報道への社会の理解が深まったとは思えない。安田さん拘束事件についてのテレビニュース番組の街頭インタビューで、ある大学生が「ジャーナリストがそんな危険を冒さないと得られないような情報まで、僕たちは求めてはいない」と答えた。これが危険地報道への市民の一般的な認識なのかもしれない。

なぜ日本社会では報道、とりわけ危険地報道の重要性が理解されにくいのだろうか。

2019年1月、「危険地報道の会」が勉強会に招いた海外メディアの東京特派員2人に、私はその問いを投げかけてみた。

フランス紙「ル・モンド」東京特派員フィリップ・メスメール氏へのインタビューは本書第3章に採録しているので、そちらを参照していただきたいが、メスメール氏は「日本社会が民主主義、そのために不可欠な表現の自由のために真に闘った体験を持たないからだろう」と言った。「それらを獲得するために大きな革命運動があったわけではない。だから日本の大衆はジャーナリストを社会の厄介者とみなし、また、ジャーナリストらが、実際に何が起こっているかを伝え、民主主義が機能するための重要な役割を果たす者たちであるとはとらえられていない」と言うのだ。

メスメール氏によれば、フランスは過去に革命を経験していて、そのとき、議論や情報が不可欠となったことから多くの新聞が生まれた歴史を認知しており、ジャーナリズムがとても重要だということが文化の一部として認識されているという。だからこそ、2014年にシリアで拘束されたジャーナリストが無事に帰還したとき、フランスの大統領が空港まで出迎えに行くことが国民に当然のこととして受け止められたというのである。

「その価値観はヨーロッパ全体の共通認識だ」と言うのは、スペイン「EFE通信」東京特派員のアントニオ・エルモシン氏だ。

エルモシン氏は、「権力を乱用する王政や独裁政権を変えるために、市民が生命を危険にさらしながら闘った経験があり、それがヨーロッパの民主主義を育ててきた。ヨーロッパはその体験を共有している」というのである。

そういうヨーロッパのジャーナリストからみれば、日本では「民主主義は外から与えられた」もので、その権利を獲得するために闘った経験もなく、特に若い世代にとって、民主主義は生まれたときから「そこにすでにあるもの」であり、それを守ることの重要性を理解していないと指摘する。

メスメール氏は、その原因の一つは教育にあるのではないかと言った。

「日本の教育現場では民主主義の価値について十分教えられていない。一方で『調和』が重視され、社会の『和』を乱さないように教えられる。しかしジャーナリズムは本来、問題を提起し、社会を攪乱《かくらん》するものだ。だからその価値が十分受け入れられない」

さらにメスメール氏が指摘するのは、教育現場で〝議論し、自身の意見を持つ〟素地が養われていないことだ。そんな教育環境の中で育って社会人となり就職すると、政治にも関心が薄く、関心事はその会社のこと、ビジネスのことに限られ、何万キロも離れた世界で起きていることにまで関心を持ちえないというのだ。

また日本のメディアもそんな日本社会の空気を助長するかのように、とても「国内中心主義」で海外のことにあまり目を向けず、犯罪やスポーツ、天気のニュースを重視しがちだと氏は言う。

「危険な紛争地にわざわざ日本人が危険を冒して行かなくても、BBCやCNNなど海外の報道を見れば情報は得られるではないか」という声もある。

そういう声に対して、メスメール氏は、「日本人には独自の感覚があり、日本人のジャーナリストは何が日本人の心に届くか、日本人は何を知りたいのかを理解している。だから日本人自身が伝えることに重要性がある」と語る。

エルモシン氏は、スペインを例に、「スペイン人は自国のジャーナリストが、自分たちの言語で、その文化的な感覚で報道することを望む。とりわけアメリカの報道には懐疑的で、信用しない空気がある」と言う。

「報道は自国の視点からなされるべきです。日本のジャーナリストなら、欧米のメディアとは違ったアングルがあり、それが最も日本人には理解しやすいはずです。世界各地の戦争や紛争をアメリカの視点から見るのか。それでは主権国家としての独立した民主主義は育ちません。アメリカにいつも従属し、アメリカが望むような国になります。独自の考え方、見方が確立されないからです」(エルモシン氏)

■〝同じ人間〟を伝える

では、「民主主義や表現の自由のために真に闘った体験を持たない」日本人に、海外、とりわけ「遠い危険地」の報道の価値を知ってもらうために、私たちは何ができるのだろうか。

一般の市民が日本社会で暮らすのに、遠い中東などでの戦争や内戦のことなど知らなくても何の支障もない。なぜ、そんな「遠い問題の情報」を得るために、「日本人ジャーナリストは危険を冒してまで現地へ行く必要があるのか」という声に、どう答えられるのだろうか。

危険地報道にかかわるジャーナリストはこう主張するだろう。

「グローバル化した現在の世界では、中東などでの出来事には政治的にも経済的にも日本も直接的に影響を受ける。だから、中東など『遠い地域』についての情報は不可欠だ。それを他国のジャーナリストの視点からではなく、日本人自身の感覚と感性と問題意識で、現地で起こっていることをとらえ、伝えるべきなのだ」

しかし、海外と直接かかわる仕事に従事する人たちならともかく、日本で暮らす一般の市民は目の前の仕事や生活のことで精一杯で、日常生活の中で、「中東などでの出来事に政治的にも経済的にも直接的に影響を受ける」と意識することはほとんどないのではないか。そういう人たちに、「自分の生活とは直接にはまったく関係のない、遠い世界で起こっている出来事」をどうやったら引き寄せられるのか。三十数年、遠い〝パレスチナ〟を取材し、「自分とは関係ない」と思う日本人に向けて報道してきた私自身、ずっと悩み続けてきた。

そして今、私はこう考えている。

「遠い世界の問題」の中に、日本で生きる私たちにも相通じる、同じ人間としての〝普遍的なテーマ〟を引き出していけば、「遠い問題」が私たちに引き寄せられるのではないか、と。

そのことをあらためて痛感したのは、2018年夏、パレスチナ・ガザ地区の取材だった。

2018年はイスラエル建国、つまり約70万人のパレスチナ人が故郷を追われた「ナクバ（大災厄）」から70年の節目の年だった。ガザ地区とイスラエルの国境には、ガザの為政者たちが呼びかけた「奪われた故郷へ帰る大行進」のために、数万のガザ住民が押しかけ、国境に陣取るイスラエル軍に投石するデモを繰り広げた。そのデモにイスラエル軍は銃撃で応じ、5月15日の「ナクバの日」の前日だけで60人を超える住民が射殺され、約2800人が負傷した。このとき、世界中のメディアが現場に殺到し、その「大惨事」を大々的に報じた。

日本のメディアも衝撃的な写真や映像とともに甚大な被害を大きく伝えたが、それは一般の日本人にとって「一過性の遠い事件」にすぎず、すぐに人々の意識から消えていった。

しかしデモに参加し負傷した若者たちを訪ね歩き、国境に向かう動機となった深い心情に耳を傾けると、「故郷を取り戻す」という大義のためではなく、将来に絶望し「死に場所」を求め、また極貧状態のためにハマス政府などから支給される負傷者への「見舞金」を目当てに国境デモに参加した者が少なくないことがわかってきた。

イスラエルとエジプトによる〝封鎖政策〟で経済が崩壊したガザでは、若者たちの失業率は60%を超えるといわれている。若者たちは大学を卒業しても仕事がなく、結婚して家庭を持つことも難しく、将来へ希望や夢も持てず、貧困と絶望の中で喘《あえ》いでいる。ガザから脱出したくても、封鎖状態ではそれもままならない。その八方塞がりの中で、焼身などで自殺する若者が急増している。しかしイスラム社会では自殺は禁じられ、家族にとっても不名誉な行為だ。そんな状況の中で、多くの若者たちが、「殉教」（パレスチナでは「反占領闘争などによる死」を意味する）という名の〝名誉ある自殺〟を求めて国境に向かっていたのである。

その若者たち一人ひとりの状況や心情を探っていくと、ガザという遠い世界だけの特殊な問題ではないことがわかってくる。もちろんガザほど極端な状況ではないが、現在の日本の格差社会の閉塞状況の中で将来を想《おも》い描けず、絶望し自死を選ぶ若者たちの姿と重なって見えてくるのである。

報道で、「パレスチナ人」というマス（集団）で語られ、「事件」という表層的な現象で伝えられる「遠い人たち」も、一人ひとりは日本で暮らす私たちと同じように生活があり、家族があり、将来の夢を持ち、自分と家族の幸せな人生を願う人間たちである。彼らは戦争や紛争、占領、抑圧によって生活を破壊され、家族を失い、生きる希望を断たれ、その理不尽と不条理に対する怒り、悲しみ、痛みを抱えて、絶望や死の淵に追い込まれている。「生き続ける」ことさえままならない危険地帯の極限状況の中で生きる人たちは、虚飾をまとう余裕もなく、根源的な「生」を必死に追求せざるを得ない。そんな彼らは私たちに

「生きるとは何か」「幸せとは何か」「家族とは何か」「自由とは何か」「抑圧とは何か」「人間の尊厳とは何か」という人間の普遍的で根源的なテーマを突きつけてくる。そして、ジャーナリストたちが等身大・固有名詞で伝える〝危険地で必死に生きる人びとの姿〟は、〝鏡〟のように、遠い国で暮らす私たち自身の姿やあり方を映し出し、「あなたはどう生きていますか」と問いかけてくる。そのときに、遠い異国で起こっていること、そこで生きる人たちが、私たちに引き寄せられてくるはずだ。

私たちジャーナリストの役割の一つは、単に現地で起こっている「事件」「事象」を伝える「情報」を提供するだけではなく、日本で暮らす私たちが現地で生きる個々の人びとの〝生〟への想像力を働かせ、自らのあり方を問うための〝素材〟を提供することではないか。私たちがあえて危険を冒しても危険地へ向かう意味の一つは、そこにあるのではないか。

第1章　私は危険地をどのような方法で取材してきたか

安田純平

本章は、危険地報道報告会「ジャーナリストはなぜ危険地を取材するのか」（2019年2月1日）での基調発言に、大幅に加筆したものです。

安田です。フリーのジャーナリストをやっていまして、最近では2015年から3年4カ月、シリアで捕まっていて、ニュースになってしまいました。

今日は、これまでにどういった手法で取材をしてきたか、今回の件も含めて具体的な話をして、危険地での取材について皆さんが考える材料の一つにしていただければと思います。

■1991年、湾岸戦争

はじめに、ジャーナリストになる前の記憶を振り返っておきます。

1991年の湾岸戦争のときは、高校生でした。湾岸戦争のテレビ報道を見ていたのですが、バグダッドの上空がピカピカと光っていて、対空機関砲で巡航ミサイルを撃ち落とそうとしている。「ニンテンドーウォー」とか言われていましたけど、ほんとうにゲームみたいな映像ばかりだった。

そのとき、「ああいう空の下に住んでいるというのはどんな気分なんだろう」ということを思ったのです。そういう環境にいる人はどんな状況なのか。自分がそこにいたらどう感じるのか。そういうものを見たい、という思いがそのころからずっとありました。

それは2003年のイラク戦争が始まったときもそうだし、その後もそうなのですが、根底には、「最前線を見たい」ということがあります。戦争が起きていて、難民が発生したりするのは、最前線があるからそれが起きるわけです。

そこで人々の暮らしがどのように成立しているのか、維持されているのか。戦争によって人々が殺され、社会が破壊されているわけですが、その中でも人は生きている。戦時下においても生きようとしている人々の姿を見たいと思っています。

その戦時下の社会がどのように成立しているのかを知ることは、戦争の構造の一端を知る作業でもあります。そうすることで、何が問題になっているのかを知り、考えることもできるはずです。

■2002年3月、アフガニスタン

私が初めて体験した海外の紛争地取材は、新聞記者をやっていた2002年3月に、休暇をとって行ったアフガニスタンです。

当時はタリバン政権が崩壊した後で、比較的安定していました。首都のカブールに通常の飛行機で入って、街中のホテルも普通に機能していたし、現地の経済も動き始めていました。そして、タリバン政権の本拠地があった南部のカンダハル、さらには、西のイランに近いヘラートまで、地元の人が使うハイエースの乗り合いバスに乗って陸路を移動したのです。

道路事情は、最悪でした。ずっと内戦が続いていたため道がボロボロで、事実上、舗装してあるところはほとんどないような状態。川も水が干上がっていて、橋はほとんど落ちているから、川床までおりて、歩いて川を渡っていく。砂ぼこりもすごくて、罰ゲームで小麦粉か何かを浴びたような、真っ白になるぐらいの状態でした。

とはいえ、パキスタンから、あるいはイランから、たくさんの人たちがアフガニスタン国内を移動していた。「戦争が終わって、やっとこれで商売ができる」というような雰囲気で、非常に活気のある印象を受けました。

そのときはヘラートまで行って、帰りは飛行機でカブールに戻ったのですが、いろいろあって、日本大使館を偶然訪ねることになりました。違うところに行こうとしたら、地元の人に連れていかれてしまったのですが、大使館員から「ぜひ話を聞かせてくれ」と言われて、道路事情がどうなのか、といったことなどを聞かれました。

当時の日本政府には、ODA（政府開発援助）でアフガニスタンの道路補修をしようという独自の計画があり、実際に道路を補修することがどういう効果をもたらすかを知るために、現地の状況を聞きたかったのですね。

地元の人たちがどういう移動の仕方をしていて、地元の人がそこをどう使っていて、それが補修されることにどのような効果があるのか。大使館の人がハイエースに乗って視察するわけにはいかないので、実際に、そういうところに行ってきた私のような人間の情報が生きるのです。

独自の計画を実行するためには、独自の情報が必要である。これは当たり前のことだと思いますが、当時の日本大使館の現場の人たちには、そういう認識があったわけです。

■2002年~03年、イラク

続いて、同じ2002年の12月に、やはり休暇をとってイラクへ行きました。参加者を募集して現地に入る市民団体があり、そこに参加したのです。ここには日本のテレビ局、新聞社の人たちも参加していました。

当時は記者としてビザを取るのが非常に難しい状態だったので、そういうときは、現地との継続的な関係があるNGOや市民団体に参加してしまったほうが入りやすいという裏事情がありました。入ってしまえば、普通に取材をすればいい。

加えて、私が在籍していたのは信濃毎日新聞という地方紙だったので、特派員としてイラクに派遣されるなどという機会はないわけです。イラクどころか、東京に出張する手続きすら面倒でしたから。

だから、休暇で行って、自分の目で現場を見ることができればそれでいい、できれば、ほかの人たちとは違うものを見られたらいいな、というぐらいの感じでした。市民団体の中に紛れ込んで入ったら、また違うものが見られるんじゃないかという意識もありました。

その後、あらためて「イラクを見たい」と思いました。今から戦争が始まるというところ、あるいは、現実に戦争をやっているところを見なければいけないだろう、と考えたからです。先ほど述べたように、2002年3月にアフガニスタンに行ったときは、もうかなり落ち着いた状態になっていて、戦争をやっている最中に人々がどんな様子だったのか、ほとんどわからなかったですから。

戦争が終わった後から現地に入って、「これからどうするのか」について取材することもすごく大事です。でも、一方で「実際に犠牲になった人はどうなるんだ」ということを考えると、やはり戦争が始まる前、あるいは戦争をやっているときにも取材すべきで、

「後から入ればいい」というのは私の考えとは合わないんですね。「入りたいけど入れない」というならわかるんですけど、「危ないときには入る必要はない」というのは、取材者として間違っているのではないか、というのが私の考えです。

そんなふうに考えていたとき、2003年になってすぐ、やはり市民団体の募集でイラクに入れそうだという話があった。今にも戦争が始まると言われていた時期でしたから、1月いっぱいで新聞社をやめて、そこに参加しました。途中で一度ヨルダンへ出入りしましたが、開戦1カ月前の2月半ばから、フセイン政権崩壊後の4月半ばまでイラクを取材しました。

「大量破壊兵器所有」「アルカイダとの関係」を理由に行われたイラク戦争は、国連査察が入るなどして開戦まで時間がかかりましたので、戦争に反対する市民が各国から集まり、フセイン政権もそれを受け入れました。集まった外国人が公共インフラ施設に滞在して「人間の盾」として空爆を防ごうという活動で、そのためのビザが発給されました。取材ビザはなかなか出ませんでしたが、「盾ビザ」はほとんど無審査で出ましたので、私を含む多くのジャーナリストもこれを取得してイラクに入っていました。

政治的な活動に参加することへの是非を問う人もいますが、イラクに入れなければ話にならないわけです。取材ビザを取ったとしても情報省の監視下に入ることになり、取材の制約や、プロパガンダを流そうと情報操作をする政府と戦うことになります。その戦いはビザを取る段階から始まっていて、取材ビザを取れないならばほかの手段を考えることになります。当時、イラク軍の作戦に参加する義勇兵も各国から集まっていましたが、その「義勇兵ビザ」を取ってイラクに入り、取材をしたジャーナリストもいました。イラクで亡くなったベテランジャーナリストの橋田信介さんは、ほかの人のビザをカラーコピーしてイラク入りに成功していました。

開戦後、ジャーナリストはバグダッド中心部のパレスチナホテルに集められました。「盾ビザ」でもホテルに滞在したジャーナリストもいましたが、私はバグダッド南部のドーラ浄水場に住み込んで、日中は取材に出るという方法を選びました。多くのジャーナリストが衛星電話を持ち込んで即座にテレビ局や新聞社に記事や写真を送る体制をとっていましたので、そうしたものを持っていない自分の場合は、違う場所で違うものを見たほうがよいだろうと考えたのです。

「盾」参加者はイラク政府と交渉して空爆の現場や病院を回るツアーを行い、空爆による死傷者の様子を視察しました。パレスチナホテルは情報省の監視下にあって制約が多かったため、ツアーに紛れ込んだジャーナリストも多数いました。

4月5日に初めて地上からバグダッドに侵攻した米軍は、南から市内に入り、すぐに西に曲がって国際空港に向かいました。ドーラ浄水場は侵攻ルートから近かったので、戦闘音が聞こえ、流れ弾も頭上に飛んできました。しかし、パレスチナホテルから侵攻ルートまでは遠く、気づかなかったジャーナリストが多かったようです。

ここから言えることは、別の場所にいたほうが取材しやすい場合や、違うものを見たりできる場合もあるということです。

当時、意識していたのは、「ほかのジャーナリストがたくさんいるところに自分が入っていっても勝負にならないだろう」ということです。違う場所に入れるならば、そのほうが何か違うことをやれるんじゃないかと思ったのです。

その後も、「ほかの人がいないところに行ったほうがいい」というのは基本的な考えとして持ち続けています。

ただ、それにはデメリットも存在します。

例えばフセイン政権が崩壊したときに、バグダッド中心部にある広場（パレスチナホテルの目の前）でフセインの銅像が倒されたときのような、大きなニュースになった場面には立ち会えないんですね。

やはり、そういう歴史的な場面は見ておいたほうがいいという思いもあるので、そういうところも押さえつつ、人のいないところにも行くという両方のことができないといけない。でも、なかなかそうもいかない。今ならもっとうまくやれるかなと思うんですけど、当時はほんとうに紛争地取材の素人でしたから、上手に動くことができず、残念でした。

＊

2003年3月に始まったイラク戦争は、5月には「大規模戦闘終結宣言」が出されますが、その後の10月にもイラクへ行きました。フセイン政権が崩壊して米軍が占領していましたが、この時期は、まだ反米闘争が大きく広がっておらず、小さなホテルも含めてかなり営業を再開していて、世界中からバックパッカーが来ていました。日本人もたくさんいました。

イラクの隣国ヨルダンにある日本人の泊まるホテルには、もうイラクの情報ノートができていて、バグダッドの地図まで描いてありました。「この辺に行くと安いホテルがあって、ここのレストランがうまくて、でも、この通りに行くとギャングに遭うから気をつけろ」とかいっぱい書いてあって、若い人を含めた多くの日本人が、戦争があった後の国がどんな状態なのか、見にいっていたんですね。

そういう状況だったので、現地に入るのはそんなに難しくなかった。ヨルダンから夜行バスに乗って、一晩かけてバグダッドまで入りました。日本のNGOとか、ほかのジャーナリストが雇っていたガイドや通訳を紹介してもらって取材していました。

■2004年イラク、最初の拘束

それから、2004年の3月から4月にかけて、開戦から1年後ということで、またイラクへ行きました。最初に拘束されたのが、このときです。

そのころは、バグダッドの西にあるファルージャでかなり反米闘争が広がっていました。

3月31日には、民間軍事会社（ＰＭＣ）の武装したアメリカ人が殺害され、遺体が焼かれて吊《つ》るされるという事件が起きた。かなり危険な状態というか、治安の悪い状況になっていました。そして、ファルージャが米軍に包囲され、攻撃される事態になっていたとき、その中を日本人３人が通過しようとして捕まって、人質になる事件が起きたわけです。

私はそのころ、バグダッドにいました。バグダッドにはそんなに緊張した雰囲気はなかったのですが、日本人人質事件の関連取材をしようと思って、捕まっていた高遠菜穂子さんがそれまで支援をしていた現地の少年たちに会って新聞に書いていた。また、ファルージャから逃げてきた人の話なども取材して書いていたのですが、じゃあ、次に何をやるかといったら、やっぱり「もうちょっと現場に近づいて取材しよう」ということになる。どの辺まで人が出入りしているのか、探りに行こうと思って、バグダッドの西のアブグレイブというところに入りました。通訳をつけてタクシーに乗って。

そのときは、もう米軍が主な道路は封鎖していたので、全然近づけません。そこで、米軍がいないような狭い道をどんどん入っていったら、アブグレイブの街に入れてしまったのです。そこでは人々が生活していて、市場があって、露店もたくさん出ていた。

露店が並ぶ、かなり賑《にぎ》やかな場所で車を止められ、覆面も何もしていない人から、「これ以上行くとまずいから帰れ」と言われたんですけど、そこで、「どの辺までならば行けるのか」などと突っ込んで聞いてしまった。すると「そこまで言うんだったら、米軍のヘリが落ちた場所を見に来い」と言われたのでついていったわけです。それが罠《わな》で、先導していた彼らの車が止まり、後ろからも車が来て、銃を持った連中がぞろぞろとおりてきて、捕まってしまった。

「帰れ」と言われたところでやめておけば、捕まらずに済んでいた。アブグレイブには大きな刑務所があり、イラク人がたくさん捕まっていて、現地の人たちが「捕まっている家族を返してくれ」というデモをやっていたので、取材は結構できていたのです。アブグレイブの中だけだったら、取材して、おそらく普通に帰れたんですけど、そこで「もうちょっと先に」と思ってしまったのが最大の原因です。

結局、このときは3日間の拘束で終わりました。スパイ容疑です。解放の1日前にスパイ容疑の尋問がかなり行われまして、その日に「明日帰すから」と言われて帰されている。その間に、私が生きているという生存証明も取られていない。

生存証明は解放交渉をするうえで必須です。交渉相手がほんとうに人質を捕まえていて、人質がまだ生きているという証拠がなければ、身代金などの対価を渡してはいけないのです。写真や動画ならば、いつの時点なのかわかるものでなければなりません。例えば日付がわかるように新聞を持っているとか、直近に報道されたニュースを読み上げるなどです。これをネット公開しても誰が相手なのかわかりませんので、特定の相手から受け取る形でなければなりません。

確実なのは、人質本人しか答えられない質問項目を送り、正しい回答が来れば、人質がその相手に実際に捕まっており、少なくとも質問を送った時点では生きているということがわかるという方法です。

3日の間にこうした写真や動画は撮られていないし、そうした質問もされていません。つまり、生存証明は取られていない。そもそも、拘束の事実を確認し、相手を特定し、交渉に応じるということを政府として決定し、生存証明を取りながら金額など解放の条件を交渉して妥結する、という手順をたった3日間で行えるものでもありません。

これらの状況から、何か要求があってとか、何か交渉があってということではなく、ほんとうにスパイ容疑で捕まり、解放されたということで間違いないと思っています。

＊

時間は飛びますが、２０１４年、拘束から10年後にアブグレイブの取材をしたとき、地元のイスラム法学者に当時の話を聞けました。彼は「日本人が入ってきたのでスパイ容疑で捕まえたけれども、スパイでないことがわかったので、丁重にもてなして帰したという報告があった」と話していた。そういう証言もありますし、何か要求があったとか、何か交渉があったとか、何か払ったとかいう形跡は、２０１９年の今になっても何一つ出てきてはいません。

人質とは「交渉を有利にするために、特定の人の身柄を拘束すること。また、拘束された人」（『大辞泉』）のことであり、要求がなければ人質ではありません。紛争地において、武装組織や警察、軍などに拘束されることは日常茶飯事で、これを人質にされる場合と同列に扱うのは間違いです。

当時、「人質になった」という報道が流れたのは、私が一緒にいた通訳がすぐ解放されて、前から知っている日本メディアの記者に「日本人が捕まった」という話をしたため、翌15日の新聞に「また人質」という記事が出たという経緯です。「どのような要求があるかは不明」という表現だったのですが、要求があったという事実関係も何も書いてありません。3人の日本人の人質はまだ解放されていなかったので、「また」というイメージで記事が書かれたわけですね。事実上の「飛ばし記事」だと思っています。

だから、事前に通訳に対して「拘束されるようなことがあっても誰にも何も言わないように」と言い含めておいたら、たぶん、報道されずに何もないまま普通に帰されたんじゃないかなと思っています。でも、通訳が現場の様子を知っているわけですから、彼が詳しい情報を伝えるのは当然のことではあるので、どう対処すればよかったのか、今でも迷うところです。

もちろん、「捕まらない努力」というか、これ以上まずいだろう、というところ以上は突っ込まないほうがいい、という原則はあります。

ただ、記者というのは、「その先」に行くことも仕事だし、地元の人が逃げているような現場でも行くのが仕事でもある。地元の人が「行くな」と言ったから行かないというのは、バックパッカーならそれでいい。でも記者だったら、「その先」にもまだ人がいるのであれば、そこにもやっぱり行かなくちゃいけない。

そのためのやり方というのはいろいろあるわけです。例えば、ファルージャで影響力のあるイスラム法学者と話をつけて、いろんなルートを開拓して入るという手法もあった。ただ、この当時はそこまで考えていなかった。もうちょっとやり方はあったと今では思っています。

*

その当時、「拘束の三日間」というタイトルで、拘束されている側から人々を観察した内容の記事を、新聞に書きました。近所から小さな子供がたくさん見に来たり、近所のおじさんたちが来て、誰も覆面をしていないような状態で一緒に外でお茶を飲んだりしていた——みたいな話です。

夜になってもすごく暑いので、中庭にみんなで出てお茶を飲んでいたんですけど、星が見えるんですよね。北極星を見つければ、どっちが北かわかります。部屋にいたとき、彼らはテレビを持ってきて、私にニュースを見せようとしたのですが、映像を見て「これ、ファルージャか」と私が適当な方向をわざと指差して言ったら、相手は「ファルージャはこっちだ」と指差しちゃって。それで、「ああ、しまった」みたいな渋い顔をして、テレビを部屋から出してしまいました。これでファルージャの方角がわかりました。北東に見えた非常に明るい灯《あか》りは、あのあたりではアブグレイブ刑務所しかないですから、自分のいる場所が大まかにわかりました。

最初に捕まって、すぐ運ばれていった場所は街中の家でした。年配のおじさんがいて、その小学生くらいの息子がお茶を持ってきて、特に緊迫した雰囲気はありませんでした。あのときの様子だと、地区の代表者とか、そのあたりを管轄しているモスクとかに当たっていけば、結構、拘束の真相に行き着いたのではないかと思うんですね。彼らは覆面していたわけじゃないし、人がたくさんいるところで見張りをしていましたから、割り出す方法はいろいろあったんじゃないか。関係者に全部当たって、捕まえている間に彼らの中でどういう議論があって、どういう形で解放したのかということを聞き出せたかもしれない。

だから、「拘束の三日間」だけでなく、「拘束した側の三日間」という記事も書けたのではないか……ということを、その後もずっと悔やんでいました。解放翌日にはイラクを出国して帰国しましたが、すぐ後に停戦が結ばれてジャーナリストたちがファルージャの取材をしていましたから、自分もすぐにイラクに戻れば、かなり取材できたはずです。その後、イラクは内戦状態に陥って現地入りは困難になりました。時間が経《た》てば経つほど情勢は悪化しますので、落ち着いているときにすばやく現地に入るべきなのです。

そのころ、反米勢力に対して「テロリスト」という言い方がされていたわけですけど、その反米側の人たちに自分が捕まってみたら、普通の地元の人々だった。彼らは、家族が米軍に殺されたとか、歩いていただけでいきなり捕まって、理由もなく虐待されたり拷問されたりしたから反米闘争に参加したんだと言う。そこには、彼らなりの事情がある。そうなってくると、「テロリスト」っていったい誰なんだろうという疑問が湧いてくる。「対テロ戦争」と言って、疑いがあれば空爆して、周りの人も含めて殺してしまう。ほんとうにその人が問答無用で殺すべき人なのか、証拠をそろえるまでもなく殺してしまう。

シリア内戦でも、アサド政権は、反政府側を「テロリスト」と言っていたわけですね。でも、実態としては子供や女性、老人たちが殺されている。その人たちは無条件に殺されるべき人たちなのか。そこを取材しなくてはいけない。

人を殺した疑いのある人物でも、証拠をそろえ、反論の機会も保障したうえで裁判をし、有罪判決が出て初めて殺人犯ということになり、刑罰として人権を制限される。それまでは殺人犯と呼ぶこともできない。本来、人権を制限することはそれだけ慎重にやらなければならない。しかし、「テロリスト」とみなせば、そうした手続きを踏まずに殺してよい存在にしてしまうことができる。つまり自由自在に人を殺し、それを正当化してしまっているということです。報道を見る側も「テロリストなら仕方ない」と受け取りがちです。そして、「テロリスト」「テロ」という概念は人を人としてみなさない危険を招きます。そして、「対テロ」戦争によって殺されているのがまったくの一般人であっても、そうである可能性を考えることすらしなくなってしまいます。

この「テロリスト」の概念を使えば気に入らない人間を自在に消し去ることができる。「テロリストだからしかたない」とメディアも一般市民も反発しない。これは為政者にとって非常に都合が良い。だから「対テロ戦争」は必ず自国の内側に向かっていきます。シリアもそうだし、中国によるウイグル人の弾圧もそうです。

こうしたことから、「対テロ」というものが自分の一つのテーマになっています。

これは後から考えればなんですけど、ファルージャというのは、フセイン政権が崩壊した2003年4月にデモ隊に米軍が発砲して死者が出た場所でしたから、イラクの中では大きな反乱が起きてもおかしくない場所だったわけで、ずっとそこに住み着いて取材するという方法もあったと思います。戦争が起きて、フセイン政権が崩壊して、それから1年後、2年後、3年後、どうなっていくのかということを考えて、どこに焦点を当ててやるか。先を見据えてやることができたら、もっといい取材ができたのに、ということを、今になれば思います。今後、またああいう戦争が起きたときには、もっと違う取材の仕方があるんじゃないか。

■2005年、シリア、クルド地域

2005年の7月には、シリアと、イラク北部のクルド地域に行きました。このころは、イラクの治安は極度に悪化し、現地に入って取材するのはかなり難しい状態でした。

米軍側と反米側で支配地域が分かれているわけではなく、反米武装組織がどこに潜んでいて、いつ襲撃してくるかわからないゲリラ戦の状態でした。旧フセイン政権の支持基盤であったイスラム教スンニ派の勢力と、新たに政権を握ったシーア派勢力の内戦状態になり、シーア派同士でも利権争いで衝突するなど泥沼の様相でした。イラク市民の拉致拘束が大変な数で発生していて、現地人にとっても危険な状態だったのです。外国人を人質にし、殺害していた「イラクのアルカイダ」（のちのイスラム国）が活動を拡大させ、２００４年10月には日本人の香田証生さんも殺されました。

米軍や、自衛隊などの多国籍軍が攻撃対象になっている状況で、記者であってもそうした国々から来た外国人は警戒される存在です。どこかの組織に受け入れられることで一定の安全を確保できるという状況ではなく、そもそも受け入れられるということ自体が非常に難しい状態でした。

それでも米軍や自衛隊など多国籍軍が駐留し、各国の政府機関もありましたので、政府関係者や米軍などとかかわる企業、メディアやＮＧＯなどの関係者も、そうした混乱状態の中での陸路の移動が必要で、武装したＰＭＣによる護衛を雇うのが一般的でした。

例えば、バグダッドの国際空港から市内中心部に向かう道が特に危険で、通常なら30分もかからない移動のためにＰＭＣの護衛を３０００から４０００ドルかけて雇う必要がありました。平時なら現地のタクシーで数ドル程度の距離です。紛争地での移動にかかる費用の額は、危険度に比例しますので、当時のイラクがいかに危険であったかわかると思います。

護衛をつけていれば安全というわけではありません。米労働省によると、イラク戦争開戦の2003年から2019年3月までの、イラクでの米国人民間労働者の死者数が約1600人で、大半はPMCの護衛とみられています。米軍撤退までの米兵の死者数が約4500人ですから、少なくない数字です。護衛自身も殺されてしまう場所では、雇う側も相応の危険にさらされているわけです。

民間とはいえ、米軍基地への物資輸送や外国政府関係者の護衛などを武装して行っているので、反米勢力から見れば戦闘員のようなものです。PMCがイラク市民を射殺する事件もあり、米軍以上に嫌われる存在でもありました。護衛をつけることによってかえって狙われるということも起こり得ますので、「護衛をつければよい」というわけではないのです。

こうした状況でしたので、イラクそのものの取材は難しく、シリアのイラク国境に行ったり、イラク北部のクルド地域はトルコから普通に入れましたので、そこでイラクのアラブ人側に近い地域の様子を見にいったりしていました。

■2007年〜08年、イラク潜入取材

その後、2007年から08年にかけて1年あまり、イラクの、イラク軍基地の建設現場で料理人のふりをして取材しています。正攻法でイラクの現場を取材するのは難しかったので、やり方を変えようと思ったのです。

イラク戦争では、兵士の食事をつくったり、基地をつくったり、電気の配線を直したり、そういう戦闘部隊以外の仕事は、ほとんど民間企業が請け負って、民間人がやっていました。いわゆる「戦争の民営化」が行われていたのです。そこで働く民間人が、どういう事情でイラクのような戦場に向かい、どういう仕事をしているのか見たいと思ったのですが、企業は、記者にはそういうところを見せないんですよ。

だから、中に入って見たほうがいいんじゃないかということで、クウェートに行って、

ブローカーに当たってみた。「裕福な日本人が何で来るんだ。どうせ、おまえスパイだろう」とか、「犯罪者で仕事がなくて逃げてきたんだろう」とか、さんざんブローカーたちに言われて、30件近く回って断られ続けたのですが、３カ月かけて料理人の仕事を見つけました。日本人としてやれそうなのは料理人ぐらいかなと思ったからです。「スシが握れる」とか適当なことを言って、「卒業してからずっと料理をやっていました」という履歴書をつくって。経歴詐称と言われたら、まさにそのとおりなんですけど、金を取ってイラクに入る仕事を斡旋《あっせん》する行為はアメリカが禁じていたから、ブローカーたちも違法なことをやっていることに変わりはない。だから、お互いさまでした。

そうやってイラクの中に入り、料理をしながら、迫撃砲弾がバンバン飛んでくるところでずっと取材をしていたわけです。多いときで一晩に60発以上の迫撃砲弾が1キロ以内のところに着弾していました。

そうした危険のある場所にもかかわらず、給料が払われないということがあちこちで起きていて、私にも数カ月間、払われていませんでした。同僚のインド人はそうしたことから酒浸りになり、仕事もろくにしなくなってしまって、結局、給料が払われないままイラクを去っていきました。おそらく、彼は4カ月分の給料が未払いのままだったはずです。

私は最終的に1カ月分の未払いで帰国したのですが、その3カ月後に、この業者は他の労働者への給与3カ月分を未払いのまま夜逃げして姿をくらましたそうです。社長は元米兵で、米軍にコネがあるということで巨額の契約金を取ってイラクでの請負事業をやっていただけで、まともな企業としての体をなしていなかったのです。米軍の請負業者には同様の業者がたくさんあって、巨額の使途不明金が出るなどの問題が発生しました。

この間、ジャーナリストであることがバレたらほんとうに殺されてしまうかもしれないので、ずっと「料理人だ」と言い続けた。実際、料理も覚えて、最初はアシスタントシェフで入ったのに、その後、シェフまで出世しました。部下のイラク人に給料が出ないかもしれないという事態になって、彼らのために不払い撤回闘争をやるなど、いったい自分は何をやっているんだ、と思うこともありましたが、そういうことを1年ぐらいやって帰ってきました。この体験は、イラクに多くの労働者を送っているインド、ネパールでの取材内容を加えて『ルポ　戦場出稼ぎ労働者』(集英社新書)という本に書きました。1年以上も取材してきたのに本1冊書いただけで、リターンはあまりなかったんですけど、料理人としての給料があったので赤字にはならずに済んだということです。

こういう長期にわたって内部に入り込む取材手法は、新聞記者にはできません。せっかくフリーランスになったのだから、こういうことをやりたいと思ったのです。

■2010年、アフガニスタン

次に、2010年にアフガニスタンに行ったときの話をします。

このときは、まず首都のカブールに行きました。当時の国内情勢は、カブールだけはアフガン政府が統治できていましたが、それ以外の地域は、ほとんどタリバンなどが跋扈《ばっこ》していて支配できていない状態です。

カブールから南へ離れた場所、パキスタン国境に近いあたりに銅山があるのですが、そこで中国政府が莫大《ばくだい》な入札金を投入して権利を買い取り、銅山の開発を始めているという話を聞きました。中国人の居住区までつくって準備を始めているというので、じゃあ、見にいこうと。日本向けの報道の場合、アフガニスタンの話だけでリポートしようとしても発表自体が難しいので、日本人が関心を持ちやすい中国を絡めたほうがよいだろうという判断もありました。

ただ、それはタリバンが支配している地域に入るということを意味します。そのため、「イスラム党」という政権に近い党に話をつけ、そこのコーディネートでタリバンの関係者を入れ、さらに警察関係者も入れ、一緒に車に乗っていくことになりました。あのあたりで力を持っている組織は、大体それでカバーできる。1日行ってくるだけで4000ドルぐらいかかりましたけど。

そのリポートは雑誌で発表しましたが、雑誌だけで取材費を回収するのは難しくて、はっきり言って、赤字でした。でも、その話でいくつか文章を書けました。中国の西側からアフガニスタンを通して、パキスタンまで線路を引っ張って海まで通すという話もあったんです。中国って、海が東側しかないじゃないですか。西側から物を運べるルートができると、中国にとってすごく大きいわけですよね。インド洋もマラッカ海峡も通さずに物資を運べるようになる。そういった大きな話が書けたので、結構おもしろかった。

だから、商売としては成立しなくても、そういうおもしろいものが見られたらいいな、ということでやったんですね。とにかく、要警戒の場所に行くときは、必要があればお金を出して、必要な関係者をつけて入るようにしているという事例です。

■2012年、シリア

2012年にシリアに行きましたが、現地では、もう内戦状態になっていました。反政府側の関係者と話をつけて、彼らにくっついて入るしかないという状況だったのです。シリアの場合、政府側と反政府側の支配地域が、まだら状で日々変わるという状況ではありますが分かれていて、反政府側が外国のメディアを受け入れていました。政府側による弾圧をアピールするためです。まずレバノンに入り、北部のトリポリで情報収集しました。そこに、内戦で負傷した人がシリアから運ばれてくる。けがをした人が担架に載せられて、担架を持っている人がいて、点滴を持った人がいて、武器を持った人たちが周りで護衛して……。そんな感じで国境を歩いて越えて、人が運ばれてくる。シリア国内では、反政府側支配地域の負傷者は病院に行くと拘束されるので、レバノンやトルコに出て治療を受けるしかない。正規の出入国管理所は政府が押さえていましたから、通ろうとすると負傷者でも拘束されますので、密出国するしかない。結局、治療が間に合わなくて亡くなってしまった人が大勢いるという話を現地で聞きました。

それで、反政府側の人たちがたむろしている病院に行って反政府組織に話をつけようとしたんですけど、やっぱりスパイ容疑をかけられました。「BBCならわかるけど」とか言われて。「じゃあ、BBCのふりをしてスパイが来たらどうするんだ」とか言い返しながら、結局、なかなかまとまらない。そうしているうちに、ある医師と仲よくなって、ラマダンの期間中だったんですが、毎晩、断食の時間が終わった後に一緒にお茶を飲みに行ったり、難民の往診に行くときについていったり、ずっと一緒にいた。その医師の人との接し方や、他のシリア人からそれなりに尊敬されている様子を見て、この人の紹介なら大丈夫だろうと考えました。それで、あちこち紹介してやるからということで、「その医師の紹介ならいいよ」と言ってくれた組織があって、それでやっと国境を越えてシリアに入れたわけです。

のちに最激戦地となったアレッポの戦いはまだ始まっておらず、取材したのは、当時最も戦闘が激しかった西部のホムス県です。

国境を越えると、だいたい、どこの記者もメディアセンターに入るんですね。反政府側が自分たちのアピールをするためにつくっているもので、衛星回線によるインターネットがつながる拠点があります。英語ができる人が1人はいるので、そこでいろいろ話をつけて、「こういうのを見せてくれ」という話をして、連れていってもらう。

だから、通訳とかガイドは全然なしで、もう彼らの中に入ってしまって、英語ができる人を捕まえて、いろいろ聞いて、病院に行ったりとか、最前線まで行ったりとか。

シリアのホウラという反政府側の町があって、そこで女性や子供が1日で100人ぐらい虐殺された。当初は政府側によるものと見られていましたが、「反政府側がやった」という陰謀論が流れ始めたのです。「市民を殺しているのは外国から来たテロリストである」という話もインターネットに盛んに流されていました。

陰謀論者に言わせると、「シリアの反政府側は米国が仕込んだイスラム過激派である」という。仮にそうだとすると、イラクではイスラム過激派は米軍と戦っていて取材は困難だったのに、なぜ、シリアでは米国と組んでいて取材を受け入れているのか？　アサド政権やその支持者たちは反政府側を「テロリスト」と言っているが、実態はどうなのかを見たいと思って、シリアに行こうと思ったのです。

陰謀論を流している人たちは、いろんなことを書いていました。例えば、ホウラの近くには反政府側が拠点とするラスタンという町があって、そこから何百人もの武装した戦闘員が何十台ものピックアップトラックに乗ってホウラに行ったのだ、という記事もあった。でも実際に行ってみると、ラスタンとホウラの間に政府側が支配する村があって、そこは通れないんです。ラスタンから南の二つ先の町まで下がっていって、そこから野原の中を走って、ようやくホウラまで行けるんですね。

また、ホウラのすぐ近くには、アラウィ派というイスラム教少数派の村があって、それはバッシャール＝アサド大統領の属している宗派。要するに、政権にとって絶対的に重要な場所がすぐそこにあるんです。

だから、幹線道路は、当然、政府軍が押さえている。したがって、ホウラに行くためには、政府軍に見つからないように野原を走るしかない。上空にヘリがいたり、政府側の民兵が出没したりするので、何日も移動できないことも珍しくない。それも、小さい乗用車でもぎりぎり通れるぐらいの橋を渡って入らなくてはいけないわけです。そういう状況を考えていくと、「ラスタンから何百人もが、何十台ものピックアップトラックで行った」なんて、どう考えても嘘《うそ》なんですね。単に地図で見て、こうに違いないと思って結論ありきで作文しただけの話だというのが、現場に行くとわかるわけですよ。

それから、政府軍が攻撃している様子を見ていても、いろんなことが見えてきます。

実際、自分の滞在している場所から歩いて1分以内のところに空爆があり、着弾したところに行くとまだ煙っていて、ほんとうに酷《ひど》い遺体がいっぱい出てくる。現場の様子を見ていると、例えば、戦車が丘の上にいて撃ってくるんですけど、戦車から見えるところにしか砲弾を撃ち込めないですよね。戦車砲は直線で飛びますから。だから、反政府側の戦闘員は、戦車からは見えない隠れた場所にいるわけです。隆起した地形の向こう側とか。そんなことは政府軍も知っているんですけど、見える場所にどんどん戦車砲を撃ち込んでいる。要するに、反政府側の戦闘員がいないということがわかっていても撃ち込んでいる。つまり、民間人が巻き添えになっても構わずにやっているということです。だから、そこでは女性や子供がたくさん亡くなっている。アサド政権は否定していますが、明らかに無差別攻撃です。

上空にはヘリが飛んでいて、戦車を攻撃しないで市街地に空爆している。制空権は内戦が始まって以来、一貫して政府軍が掌握していますから、ヘリも戦車も政府軍ということです。戦車で市民を殺しているのは反政府側だ、という陰謀論もネットに流れていましたが、明らかに政府軍です。そういう現実は、やっぱり現場に行って見るから確認できるものだと思います。

■2015年、シリア

2012年にシリアで私と同じ場所に泊まっていた米国人ジャーナリストのジェームズ・フォーリーさんが、14年8月に「イスラム国（IS）」に殺害されました。やはり同じ場所に泊まっていたスペイン人のカメラマン、リカルド・ガルシア・ビラノバさんも、自由シリア軍（FSA）の対ISの前線に従軍していてISの人質になり、こちらは身代金が払われて解放されました。同時に人質にされたスペイン人ジャーナリストのハビエル・エスピノサさんに聞きましたが、解放までに、本人しか答えられない質問が1カ月に一度以上の頻度で来たそうです。生存証明を何度も取ったということですから、身代金が払われたという報道は事実でしょう。

もう1人、やはり同時期にメディアセンターに泊まった米国人ジャーナリストのオースティン・タイスさんは、その直後にダマスカス方面に向かって消息を絶ち、拘束者が誰なのかも定かでない状態で、19年になっても行方不明のままです。

フォーリーさんと同様、2014年にISに殺害された米国人ジャーナリスト、スティーブン・ソトロフさんの通訳は1週間ほどで解放されていたので、共通の友人を通してSNSで連絡をとり、拘束から解放までの経緯を聞いていました。彼らはシリアに入国した後、アレッポに向かう途中で、普段はない場所にISの検問所ができていて捕まったそうです。明らかに待ち伏せで、入国した時点から目をつけられていたわけです。

ISと対立関係にあるFSAが支配していたトルコ・シリア間の出入国管理所を通ってから、最初の町アザーズを抜ける間に、ISの内通者によって通報されていたと考えられますが、こうなると、IS支配地域でなくても現場取材は相当厳しいことになってしまう。

２０１４年11月には後藤健二さんがＩＳ支配地域へと向かって消息を絶ち、翌年１月末に殺害されました。04年にイラクで殺された香田さんの件と同様、相手からの要求に応じなかったからです。

後藤さん殺害の後に行われた世論調査では、安倍内閣の支持率が上がっています。日本人の人質が殺害されても支持率が上がるのに、わざわざその方針を変えて、「払っていない」と嘘をついてまで密《ひそ》かに身代金を払うとは思えない。日本政府が、間接的であれ絶対に身代金を払わないということ、つまり紛争地においてできることはほとんどないということを、私は、現場へ行くうえでの大前提として認識しています。

ＩＳに捕まれば、人質にされて確実に殺害されます。スパイ容疑が晴れれば解放される、という相手ではない。一方で、世の中はＩＳにばかり注目していましたから、ＩＳ以外のシリアの話をメディアで発表するのは難しい。超ハイリスク・ノーリターンでしかないシリアでの取材は、現実的ではないと考えていました。

＊

日本を出たのは２０１５年５月です。12年に会ったシリア人に再会して、その間の話を聞き、あらためて人脈づくりができればよいと思っていました。ＳＮＳでのやりとりは続けていましたが、大事な話は直接会わないとできませんので、会えるだけでも意味があると思っていたのです。

まず、12年に反政府側を紹介してくれたシリア人医師がスウェーデンに移民していたので、会いに行きました。レバノン・シリア国境は13年にはシリア政府軍が制圧し、この医師はその後、トルコに移ってシリア北部の反政府側の支援をしていたので、その関係者を紹介してもらいました。

次にトルコに行き、12年に滞在したメディアセンターを運営していたシリア人に会いました。彼の村は13年に陥落し、政府軍の包囲の隙間を抜けて脱出して、その後はトルコ中部の都市にある工作機械関係の企業で働いています。

彼の同郷の友人で、12年に私も会って、その後何度かＳｋｙｐｅでやりとりをしていた人物がシリアの反政府側組織アハラル・シャムの司令官になっていたので、彼と一緒にいるときにあらためて連絡をとりました。このときは、会っていなかった間の互いの話をした程度です。

続けて、トルコ南部のアンタキヤに行きました。医師から紹介された、ヌスラト・マゾルンというあまり知られていない反政府側組織の副代表に会い、彼らがシリアに戻る際に同行できるという話になりました。イスラム主義を掲げ、前出の医師と同じ地中海沿いのラタキア県出身者の多い組織です。

このころ、シリア北西部のイドリブ県では、反政府側のイスラム系組織が同盟軍を結成し、共同作戦によってイドリブ市などの主要都市を次々に陥落させていました。ISが拡大するのに対抗し、それまでいがみ合っていた組織同士が協力するようになったのです。紹介された組織もその一つでした。

複数の組織がいがみ合っている場合、どこかの組織に密着していると、他の組織に襲撃されて身柄を奪われるかもしれませんが、その地域で活動しているほとんどの組織が同盟を組んでいる状況であり、その危険性は比較的少ないと考えました。

シリアで外国人を人質にしていると報じられてきたのは、ISのほかにはアルカイダ系のヌスラ戦線ですが、日本人記者の取材を受け入れていたし、外国人の記者やNGO関係者を殺害したという報道もされていませんでした。

ＩＳとその他の反政府組織は対立関係にあり、イドリブではＩＳは活動していません。前述したように、日本政府は人質事件があっても対価を渡すことはしないので、身代金を取れなければ殺害するＩＳに拘束されれば確実に殺されてしまう。しかし、このころのイドリブであれば、拘束の危険性は少なく、拘束されても殺害されることはないのではないかと考えました。

もちろん、たとえ受け入れられて取材できていたとしても、途中で彼らの気が変われば拘束され、人質になる恐れがあります。現場に入るうえで、そうした危険性も織り込まなければなりません。だから、ある程度の部分からは思い切って決断する必要があるものだと思っています。これは今のシリアに限らないことです。

シリアの場合、政府側と反政府側の支配地域が分かれています。ここに護衛をつけて独立した存在として入ろうとすると、新たな武装組織として攻め込んだに等しいことになり、護衛ごと襲撃されるでしょう。反政府側は政府軍と戦っていますから、ちょっとやそっとの護衛では怖気《おじけ》づきません。護衛をつけることによってかえって襲撃されやすくなるうえに、防ぐのは無理です。シリアに護衛をつけて入るのは自殺行為に近い。護衛をつけてシリアを取材している、という人の話は聞いたことがありません。

したがって、どこかの組織に話をつけて受け入れられる形で現地に入るしかない。その場合、その他の組織や強盗などに対する安全確保は彼らが担うことになります。

反政府側の地域を現地で取材するためには、いずれかの組織に受け入れを求めるしかなく、その組織が見せたくないものは見られません。それはビザを取って政府側を取材する場合も同じことで、特に取材制限が強くかかる紛争地においては、その中で批判的に検証するしかないというジレンマは常に抱えることになります。

こうしたことを踏まえたうえで、シリアに入ることも検討し始めましたが、翌日から組織と連絡がとれなくなりました。難民としてスウェーデンに移住した医師の紹介であることから、スパイ容疑をかけられたのだと思います。少しでもスパイの可能性があると考えれば、彼らは受け入れません。

＊

２０１１年の東日本大震災の後、私は、イスラム法学者の中田考さんが代表のＮＧＯが行っていた炊き出し活動に参加していました。そのＮＧＯが支援していた、アンタキヤのシリア難民の小学校も訪ねました。資金援助の仲介をしただけですが、個人的にも親しくなって連日通っていました。

そこに、以前はFSAのメディア担当をしていたという教師がいました。後藤さんに会ったことがあると言い、その教師から、13年に後藤さんのシリア取材のガイドを務めたムーサという人物を紹介されたのです。

ムーサはトルコ国境に近い山間の村出身の元弁護士で、英語を話せました。後藤さんのイドリブでの取材に協力したほか、ムーサの村でインターネットを使った子供の教育プログラムを立ち上げる計画を2人で進めていて、当時のそうした資料を持っていました。また、後藤さんがISに人質にされた際に、「I AM KENJI」と書いた紙を持った写真をネットに掲載する運動が広がりましたが、彼も顔出しでそれをやっていました。シリア人でそうした活動をするのは一定の危険を伴います。これらのことから、彼を信用してもよいだろうと判断したのです。

「シリアに行きたいか」と言ってきたのはムーサです。彼の兄が反政府側組織アハラル・シャムの司令官で、紹介できるとの話でした。数日後、「アハラル側から、我々の中に友人はいるかと聞いてきた」というので、2012年に知り合ったアレッポにいる司令官と、虐殺のあったホウラで会った元英語教師で、その後、アハラルのメディア担当になった人物の名を挙げたところ、しばらくして「アハラルの受け入れが決まった」とムーサが言ってきました。アレッポの司令官とホウラの元教師とは、自分でも個別に連絡をとって「何かあったらよろしく」という話をして了解してもらいました。

*

ISの残虐性が注目されるようになりましたが、政府軍の空爆や、収容施設での拷問・虐待は、犠牲者の数や破壊の規模から考えれば、ISと同等か、それ以上と考えてよいと思います。ISが残虐だからといって、アサド政権でよい、というわけにはいかないはずです。そこで私は、IS以外の地域で人々がどのように暮らしているのか知りたいと考えました。

同盟軍を結成したイドリブ県のイスラム系組織は、それぞれから人員を出して警察組織をつくり、一般治安の維持を始めていた。イスラム法と従来のシリアの法律も使って裁判を行っているという話を、現地メディアや複数のシリア人から聞きました。その警察組織と司法制度がどのように機能しているのか。人々はそれをどうとらえているのか。

欧米などは「イスラム化」を懸念しますが、それは憂慮すべきものなのか。イスラム教スンニ派が住民の9割以上を占める地域ですから、人々の共通の倫理観といえばイスラムになるわけです。国家権力が機能していない場所で社会秩序がどのように維持されているのか。イスラムがそれに寄与しているのか。武装組織同士で争うか否かで左右されるだけなのかどうか。そうしたことを、異教徒の立場で取材してみたいと思ったのです。

イスラム系組織が同行する形になるので、キリスト教徒やドゥルーズ派に限らず、スンニ派のシリア人でも立場の違う人を取材してどこまで本音を聞けるかというと難しいのですが、国外に出ている人の話だけでは、結局は事実関係の確認ができません。だから、いろいろな状況下にある人たちを取材するしかないと考えたわけです。

＊

「アハラル側の受け入れは決まったものの、シリア入りを案内する人物と連絡がとれない」という状態で数日待たされ、6月22日の昼過ぎに「今日の夜に出発。段取りを説明するから家に来い」と言われました。いつ行動できるかは状況によって決まるので、突然こうした形で出発になるのは珍しくありません。2012年のシリアでも、「今日は上空にヘリがいるから」「政府側民兵がうろついているから」ということで移動できないことはたびたびありました。そうした間隙を縫って行動することになるので、突然の決定に対応できるように待機していなければなりません。

トルコでNGO関係の仕事をしているムーサは同行せず、道案内人とともに山道を抜け、正規でない場所から国境を越え、その先にムーサの義理の従兄弟《いとこ》が車で迎えに来るので、それに乗ってムーサの村に行くという説明でした。

トルコ・シリア国境の町カルビヤズで道案内人と合流し、その友人宅で夕食をとってから、午後9時ころに国境方面に向かいました。

山道に入る前に、市街地からやってきた男性が道案内人に話しかけてきました。道案内人は私にそこで待つように言い、自分だけが山道に入っていきました。迎えの車が来ているのを確認してから一緒に入ったほうがよい、ということでした。市街地から10メートル程度山へ入った暗闇で、おそらく1時間近く待機していると、道案内人が戻ってきて「車はまだ来ていない」「トルコの国境警備は?」「いない」といったやりとりを私として、再び山へ入っていきました。

再び1時間近く待ったころ、道案内人が向かった方向とは違う道から、家族連れらしき男女数人と、それを引率する2人組と、山道を案内する人物1人がシリア側からやってきました。10メートルほど離れた場所に座っていたシリア人と思われる男性に2人組の1人が声をかけ、男性がこちらを指差したので、私にも声をかけてきました。

このころはトルコ側の国境警備が厳しく、密入国しようとしたシリア人が国境警備隊に銃撃されるという事例が多発していたため、私は、むしろトルコの国境警備隊に捕まることを警戒していました。

また、これまでどこの現場でも、入ろうとするとスパイ容疑をかけられて拒否されることが常態化していたので、その2人組に対しても、密入国の仕方をわざわざ知らない相手には見せないだろうと考えていました。シリア人の出入りはほとんどない場所と聞いていたこともあり、2人組は道案内人の関係者だろうと解釈し、彼らとともに徒歩でシリアに入ったのです。6月とはいえ夜間の山中は冷え込み、暗闇の中で長時間待機している間に集中力と判断力を欠いたのかもしれません。朝になってから荷物を没収され、当初はスパイ容疑の尋問を受け、容疑が晴れたところで人質にされました。「日本政府に金を要求する」と言っていましたから、これは人質です。

後藤さん、湯川遥菜《はるな》さんがＩＳに殺されたばかりでしたし、日本が身代金を払わないことは明白だったのですが、04年の私の拘束が「人質」と報道されたことを知った彼らは、「日本は拘束者によっては金を払う」と解釈しました。誤報だった04年の「人質」報道をネットからも消す努力を全力でしておくべきでした。

＊

2人組に声をかけられた際に拒絶することも可能でした。はじめから騙《だま》すつもりならば、拒絶されるかもしれない方法など取らずに、私に説明していたとおりに道案内人と一緒にシリアに入国させ、何者かに拉致させるという手順のほうが手っ取り早いはずです。私自身は、自分の単純なミスによるものと考えていますが、真相はまだわかっていません。

なお、現地に入る際に、受け入れ先となる人物の身元を詳しく聞いたり、紹介者に確認するために写真を撮ったりすると、その行為が原因でスパイ容疑がかかる危険性がありま す。すでに現地を取材した人からガイドなどを紹介してもらえば比較的安心ですが、以前は信頼できた人でも、状況によって変わってしまうこともあり得ます。今後の仕事につながるなど、こちらと誠実に対応したほうが相手にとって利益がある、といったことを互いに認識できているかどうかが大事なように思います。

今回は、現場に入るための手順の部分よりも、話のついていた関係者だと勘違いして別の方向に入ってしまったというような、実際の運用の際に基本的なミスを犯したという認識でいます。基本的なことほど忘れがちなので、工事現場の朝礼で安全標語を読み上げるような、日常的に意識に刷り込むような動作をするべきだったと思っています。

第2章　座談会「自己検証・安田純平さん拘束事件と危険地報道」

安田純平、土井敏邦、川上泰徳、石丸次郎、綿井健陽、高橋弘司

安田純平さん　拘束から解放までの経緯

（《　》は、日本国内など外部での出来事、反応）

２０１５年

6月22日　深夜にトルコから徒歩でシリア入り

23日　ホブス（パン）工場に入れられる。その後近くの民家に監禁

26日　深夜、車で移動し、集合住宅の地下牢《ちかろう》に入れられる

29日　一戸建ての民家に移動

7月9日　《官房長官会見で「安田さん行方不明」について質問》

13日　《ジャパンタイムズが「安田純平氏シリアで行方不明の恐れ」と報道》

16日　《ＣＮＮが報道》

18日　《産経新聞が「シリアで邦人安否懸念」と報道》

12月7日　「日本に送るから個人情報を書け」と言われ書かされる
22日　《「国境なき記者団」が「拘束者が身代金要求をしている」と声明》

2016年

1月6日　ブローカーが入手した家族からの質問項目の答えを書かされる
16日　別の一戸建て民家に移動
19日　同じ質問項目の答えを再び書かされる
3月15日　動画撮影。武装勢力が用意した詩のような内容のメッセージを読み上げる
17日　《メッセージを読み上げる動画が公開される》
5月9日　別の民家に移動
23日　オレンジ色のTシャツを着て、手書きメッセージを持って写真撮影
29日　《オレンジ色のTシャツを着た写真が公開される》
7月10日　ジャバル・ザウィーヤの巨大収容施設（地上5階、地下1階？）へ移動

2017年

10月17日　動画撮影

2018年

3月31日　ロの字型・平屋のトルキスタン部隊（ウイグル人）の施設に移動

6月半ば　「私の名前はウマルです」と言わされる動画撮影

7月5日　イタリア人の囚人が同じ施設に入れられる

　17日　《「私の名前はウマルです」の動画が公開される》

　25日　「私の名前はウマルです。韓国人です」の動画撮影

　31日　《「私の名前はウマルです。韓国人です」の動画が公開される》

8月7日　《妻の深結《みゆう》さんが記者会見》

9月4日ごろ　動画撮影（未公開？）

　29日　ジャバル・ザウィーヤの巨大収容施設へ移動

10月22日　一戸建て民家に移動

23日　車で移動後、トルコ情報機関の車に乗り換えてアンタキヤの入管施設へ
24日　外務省が入手した家族からの質問項目に答える
25日　日本に帰国

『シリア拘束　安田純平の40か月』（安田純平著、ハーバー・ビジネス・オンライン編、扶桑社）などを参考にして作成しました。

■三つの論点

綿井　まず、この座談会で議論すべき項目を提起します。

一つは、安田さんが拘束されている3年4カ月の間に、「危険地報道を考えるジャーナリストの会」（以下、「危険地報道の会」）はどんな活動や対応をしたか、何ができなかったか、何をすべきだったか。あるいは、これはやるべきじゃなかったというような点はあるのか。「危険地報道の会」がしたことの検証を中心に、かつ、ほかのジャーナリストたちの当時の動きも合わせて、この機会に議論したいと思います。それに対して、安田さんから当事者の視点で「こういうことをしてほしかった」、逆に「それはやってほしくなかった」といった意見等を随時はさんでいただければと考えています。

二つ目として、今後また同じような誘拐・拘束・人質事件が起きたときに、周りのジャーナリストや家族・親族がどんな対応をしたらいいのか、安田さんのケースを踏まえたうえで、今後の教訓や指針となるようなことを議論できたらいいなと考えています。

川上　それに異論はありませんが、僕は、もう一つ論点を加えたい。というのは、今回の件に対する社会の受け止め方を見ていても、ジャーナリストの仕事に対する人々の理解が足りていない。なぜ危険地に行くのか、行く必要がないじゃないか、という声がある。そして、ジャーナリスト常岡浩介氏の旅券返納問題（2019年2月、イエメンに渡航しようとした常岡氏が外務省から旅券返納命令を受け、出国を禁じられた）でも、まったく理解が得られていない。いわゆる「自己責任論」も、そのような社会の無理解から来るわけです。そういう社会に対して、どう訴えていくかを考えなければならない。

高橋　同じことを思っていたのですが、安田さんの問題を大学の授業で取り上げると、紛争地取材の必要性を理解している学生が少ないことに驚きます。「なぜ、そんな危険なところに行くのか」とか、「政府に迷惑をかけた」という意見を持つ学生が相当数います。授業でいろいろ教えるうちに、大半の学生は理解するようになるのですが、我々の伝え方とか、世の中に理解してもらう方法みたいなものについても、議論したほうがいいのかなと思います。

綿井　2015年に刊行した『ジャーナリストはなぜ「戦場」へ行くのか』（集英社新書）

でも、そのあたりは執筆者がそれぞれ論じていますが……。

高橋　ただ、安田さんが解放されたことで世の中の関心がかなり高まり、世論も少しずつ変わりつつあるように思います。もう一度、そこはやったほうがいいかなと思う。

川上　２０１５年の新書は、ジャーナリストが自分たちの活動を理解してもらいたいという視点がメインで、それはもちろん今回も一つの柱なんだけど、社会に対してどう理解を求めるかという議論は、まだ尽くされていませんからね。

■「日本は金を払う」と思わせてしまった

綿井　では、安田さんの拘束から解放まで、時系列で振り返っていきたいと思います。

安田さんは２０１５年6月23日に拘束されたわけですけど、「安田さんが拘束された」という最初の一報を、妻の深結さんは誰から聞いて、どういう対応をしたのか。あるいは誰に連絡し、相談したのか。そのあたりから教えてください。

安田　自分は6月22日の夜にシリアに入って、翌朝、家族にメッセージを送りましたが、その後、連絡ができなくなった。「拘束された」ことは、今回のシリア入りをアレンジしたシリア人ガイドのムーサに妻が問い合わせてわかりました。連絡に使っていた妻のフェイスブックのアカウント名が「myu」で本名ではないため、その後アカウントが凍結されてしまってメッセンジャーを見られなくなり、日付を確認できなくなってしまったのですが、6月末のことです。

シリアに入った段階で、常岡さんにはメッセンジャーで連絡しました。彼はヌスラ戦線とか、あのあたりに人脈を持っているので、何かあった場合には対応してもらうという話もしていたのです。そのことは妻にも伝えていたので、常岡さんには相談しています。

綿井　取材に出発する前に、「何か緊急事態が起きたときは、ここに連絡する」といったリストのようなものを渡していたのですか。

安田　あちこちに知らせる話でもないので、連絡相手といっても、ムーサと常岡さん、それぐらいですかね。シリア現地の人脈がある人でないと相談しても意味がないので。

綿井　万が一のときの対応については、事前に何か深結さんには話していましたか？

安田　基本的に「何もしないように」と言っていました。ただ、商売のために「仲介人」

になろうとするいろいろな人間が妻に接触してきました。彼らは家族や政府の依頼を受けた仲介人のふりをして、拘束者側に対して、日本が身代金の支払いに応じるかのような話を勝手にしていた。そうした話はすべて止めるように、という指示を妻に徹底しておくべきだったのですが、「依頼はできません」とはっきり断ったものの、「こちらの活動としてやりたいので」と彼らが言うので、妻は止めはしなかったようです。トルコへ行ってきた話をメールなどで送ってきて、「また何かあったらお知らせします」と言ってくるので、妻が「ありがとうございます」とか「よろしくお願いいたします」とあいさつのつもりで返すと、「依頼された」ということにしてしまう人もいました。この「お願いします」は社会人としてのあいさつであって、「やめてください。お願いします」というときにも使う「お願いします」なのですが、依頼を受けたい人は、それを依頼されたという「言質」にしてしまいますから、意味の取り違えがあり得ない表現をしないといけなかった。

何を言っても「言質」にされるし、妻としてはとにかく角が立たないように丁寧に対応しなければならないと神経を使ったのですが、それも裏目に出るわけですから、とにかく本人が対応してはいけなかった。窓口になってくれる人を私が用意しなければならなかった。精神的につらい状態にある家族が直接対応するのはやはり無理がありました。

２０１８年に同じ施設に捕まっていて先に解放された人道支援活動家のカナダ人は、捕まった段階でカナダ政府に電話させられて、「こういう状況だから助けてくれ」と言ったら、「無理だ」と言われてガチャッと切られたそうです。でも、1カ月で解放されているんです。だから、初期の段階で何も反応がなかったら、自分も3カ月ぐらいで放り出された可能性が高い。それを、「日本は金を払う」と拘束者に思わせてしまったことが非常に問題だったわけです。

■なぜ「記者会見」で聞いたのか

綿井　時系列を戻しますが、拘束初期段階で、深結さんが外務省と連絡をとったのはいつぐらいからですか。
安田　後藤健二さん、湯川遥菜さんの件で日本政府は全然何も対応しなかった、という話は妻としていて、「何かあっても放置するように」と言っていたので、7月下旬になってから外務省から電話は何度も来たようですが、しばらく無視していたんです。それが、私の実家に電話してくるようになったので、結局、8月ぐらいになって応じたんですね。外務省から人が来て、身元確認のための質問項目をとっていった。「解放までの経緯」にある2016年1月の「家族からの質問項目」とはまったく別の質問で、2018年10月に解放後のトルコで聞かれたものです。

綿井　当時、新聞やテレビなど報道関係からの問い合わせは？

安田　あったそうですが、応じてないです。拘束者は、彼らが日本側だと思っている交渉相手に対して「命の保証はする。ただし、メディアに流したらルールを変える、と伝えた」と言っていました。私は「殺す」とは拘束中に一度も言われていないですが、日本側と思った相手には、暗に「殺す」と思わせるようにそう表現しているわけです。「イスラム国（IS）」はもっと直接的で、交渉のメールに「メディアに話したら殺す」と書くそうです。たまたま私は殺されなかっただけで、「イスラム国」のような組織だったら報道されたあの段階で殺されていたかもしれない。

最初はどこでしたっけ、報道したのって。

綿井　まず、２０１５年７月９日の菅《すが》官房長官会見で、ある記者が「シリアで取材中のジャーナリスト安田純平氏と連絡が途絶えているという話が出ています。イスラム過激派組織による拘束の可能性が指摘されていますが、政府として事実関係を把握されていますか」と質問するんです。それに対して官房長官は「いろんな情報があることは政府として承知していますけれども、邦人ジャーナリストが拘束されているという情報には接していません」と答えています。同時期に、当時の岸田外務大臣会見でも同じ質問が出ています。そのあたりから日本のメディアでの扱いは始まるんですね。

安田　会見で聞くなよって。

綿井　報道するかどうかは別にして、こうした場合は会見では聞かざるを得ないんじゃないでしょうか。邦人が行方不明になっているという情報があるんだったら。

安田　いや、それは自分の取材で聞くべきでしょう。会見というのは、「国民全員に向けて、その話を公に説明してください」というものですよね。すでに公になっている問題ならいいですが、そうでない場合は、質問することによって公にするつもりで聞いているということです。

綿井　この会見を受けて、7月13日にまず英字紙のジャパンタイムズが報道します。まだキッドナップ（誘拐）と言わずに……。

安田　ミッシング（行方不明）。

綿井　そうです。"Japanese freelance reporter Jumpei Yasuda feared missing in Syria" というのがジャパンタイムズの記事の見出しです。その後、16日にCNNも東京発で報じる。CNNの記事は、翌17日にヤフーニュースに日本語訳の記事として転載されました。日本の新聞やテレビで最初に報道したのは7月18日付の産経新聞朝刊で、見出しは「シリアで邦人安否懸念　CNN報道、41歳　ジャーナリスト」。記事は「米CNNテレビは17日までに、シリア入りを計画していたとされるジャーナリスト、安田純平さん（41）の消息が3週間以上途絶えており、安否の懸念が強まっていると報じた。安田さんがイスラム過激派に身柄を拘束されている可能性が高いとする、友人の見方も伝えた」とあり、外務省邦人テロ対策室は、産経新聞の取材に対し「いろいろな情報は入ってきているが、拘束されたということは確認されていない」と述べたと書いています。

川上　ジャパンタイムズが報じたころに、「アル・アラビーヤ」など現地のアラブメディアでは、日本人のジャーナリストが捕まったという情報が出ていたんですよ。僕は当時エジプトにいたのですが、その報道はジャパンタイムズを受けてではなく、もっと前です。たぶん、CNNもそういう流れを受けて報じたのだと思う。

綿井 我々「危険地報道の会」が最初に安田さんの件を聞いたのも、もう少し早い段階です。僕自身が最初に知ったのはツイッターからで、官房長官会見の前にすでに「安田純平さんがシリア入国後に連絡が取れなくなっている」という情報が流れていました。それで慌てて、安田さんと普段から親しいメディア関係者に連絡しました。その内容を、7月10日にメールで会の世話人に送りました。当時のメールを見ると、「安田さんはシリア北部でヌスラ戦線に身柄を拘束されていることは間違いない。何らかのスパイ容疑をかけられていて、今後、裁判にかけられるかもしれない。ヌスラ戦線に近い現地の人たちに解放を呼びかけている」。それが、我々の最初の情報把握です。「アル・アラビーヤ」も、拘束から早い段階で報じていますね。

川上 2018年1月に、「危険地報道の会」としてトルコ南部で安田さん問題について情報収集したときに、イドリブ出身のシリア人ジャーナリストTは、「安田さんが拉致されて10日後に、日本のテレビ局の現地コーディネーターを通じて拉致のことを知った」と言った。彼は、安田さんをヌスラ戦線が拘束したようだという話を聞いて、いろいろと調べ始め、また、「仲介人」を名乗る男からメディア向けの対応を頼まれたということで、安田さんのビデオや動画を自分のフェイスブックサイトに掲示したり、日本のメディアから安田さん関連で取材を受けたりしていた。

7月9日の会見で官房長官に質問したのは？

綿井 テレビ局の記者が質問したと聞いています。

川上 その局は、おそらく、Tや、安田さんが使っていた現地コーディネーターを通じて、何か異変があるということを知ったのでしょう。Tも現地コーディネーターもアハラル・シャム（シリアの反政府武装勢力。本書第1章参照）と近い人間で、シリアへの道案内のガイドもそうですよね。

安田 はい。

川上 そういう関連で、その局は、早い段階で「どうも日本人がいなくなったらしい」という情報を得て、会見で質問したのだと思う。

しかし、人質事件の疑いがある問題について不用意に記者会見の中で聞くのは、やっぱりおかしいと思うね。何か報じられていて、「これ、本当ですか」というのはあるかもしれないけど、何も報じられていないのに、会見の場で「知っているか」と聞けば、それだけで不確かな情報がニュースとなって独り歩きすることもあるのだから、危険すぎる。

■メディアが報道を控えるというのが本来の姿

綿井　安田さんからの連絡が途絶えた後、7月12日に、先ほど名前が出た常岡浩介さんがトルコに向かいますが、イスタンブール空港で入国できずに強制送還されてしまう。そこで常岡さんはある女性研究者の方に相談し、その方がこの件で現地調査を始めます。彼女は世界各地のウイグル人とネットワークがあり、安田さんが拘束されていた地域には多数のウイグル人がいるので、トルコとシリアの間を行き来する人たちの「ウイグルルート」を使っての情報収集ですね。そのルートを通じて、安田さんを拘束しているグループに対して、水面下で解放を画策し続けたそうです。我々が当時接していた安田さんに関する情報も、ほとんどそのルート経由だと思います。

2015年段階では、安田さんと親しい常岡さんや、安田さんと拘束直前まで連絡をとり合っていた高世仁《たかせひとし》さん（ジン・ネット代表）の動きや情報を待ちましょうというのが、「危険地報道の会」としてのスタンスでした。今にして思えば、拘束の初期段階で、「危険地報道の会」が独自にトルコに行って情報収集をするなど、もうちょっと何かできなかったかなという思いはありますが、どうでしょうか。

石丸　でも、6月末から7月にかけて、私たちには動きようがなかったですね。

安田　もし相手が「イスラム国」だったら、「取材でかぎ回っているらしい」という話が出たら危険です。今回の場合はたまたま殺されませんでしたが。

綿井　実際のところ発生当初は、安田さんを拘束したグループが「ヌスラ戦線らしい」と聞いて、正直、安堵《あんど》したんです。「『イスラム国』と違ってヌスラ戦線だったら、民間の外国人を殺害したケースは過去に無いはず」「大丈夫。1カ月ぐらいしたら戻ってくるよ」と、安田さんの友人たちも楽観的に言っていた。スパイ容疑という話も、「その疑いが晴れれば、すぐに解放してもらえるだろう」と想像しました。ところが、それから1カ月、

2カ月、3カ月と過ぎても、一向に安田さんは解放されない。

かつ、徐々に厄介な事態が解放交渉をめぐって起きていました。人質の「仲介人」「交渉人」を名乗るスウェーデン人やシリア人、さらには別の日本人ジャーナリストも安田さんの拘束に介入し始めますね。身代金交渉を深結さんに持ちかけたり、安田さん家族の代理人のように振舞ったりしていた。

安田　「ウイグルルート」や「ヌスラ」の情報は裏がとれていないですが、最初の楽観的な見解は、全然間違っていなかったと思います。ところが、「仲介人」になろうとしたブローカーが金の話をしてしまいましたから、「金を取れる」と思わせてしまった。

綿井　整理すると、安田さんと親しいジャーナリストたちが最初にとった方針は、「メディアには情報を流さない」「アンダーグラウンドで情報を探る」「持久戦に持ち込んで、身代金なしでの解放を目指す」、そして「日本政府には関与させない」というものでした。

川上　拘束初期段階の対応としては、僕も間違っていないと今でも思っているんですけども。

ただ、メディアに流さない、知らせないといったって、メディアは中東の各地に現地コーディネーターを持っていたり、金を使って調べたりできるわけだから、報道は出てしまう。基本的にはメディアに協力してもらう代わりに、「人質の安全のために不用意に報じない」という取り決めをしてもよかったのではないか。メディアに知らせないでやりましょう、と言っていたら、メディア側は知ったことを書くことになるから、逆に報道競争になるわけでしょう。結果的に、安田さんの動画や画像が出た後、メディアは勝手に報道するような格好になったじゃないですか。

綿井　でも2015年は、7月に産経新聞が短く報じてから12月に「国境なき記者団」が声明を出すまで、マスメディアではどこも報じていないのでは？

安田　何も情報がなかったということじゃないですか。

綿井　もちろん動きがないというのもありますけど、ただ当時、「安田さんが行方不明になっているのに、ジャーナリストたちは何もしないんですか」と、一般の方たちから何度も言われました。「安倍政権がメディアに箝口令《かんこうれい》をしいているんですか？」と疑う人までいた。市民からそうした疑念を持たれたのが、拘束初期から2015年の後半だったんです。

川上　だから今回の場合でいえば、産経は「人質事件の可能性がある事案では、不用意に未確認情報を報じるべきではない」というルールをわきまえるべきだった。そのようなルールをメディアが共有しないといけなかった。他の社は、ある程度の常識判断で報じなかったんだよね。

安田　各社とも控えていたけど、「国境なき記者団」が声明を出したので解禁になったという話ですよね。「国境なき記者団」も控えていたそうなのですが、「仲介人」になろうとしたブローカーから電話が来たときに、事情を全然知らない人が電話に出て、それで声明を書いてしまったそうです。

綿井　２０１５年12月22日に、「国境なき記者団」が「安田さんを拘束した武装勢力が期限を切って身代金を要求しています。日本政府に尽力するよう求める」という声明を出しました。ところが、28日に「声明は通常の方法に従って起草されておらず、十分に検証されていなかった」として、声明を撤回するという事態が起きたわけです。

安田さんの友人たちの、「アンダーグラウンドで情報を探る、メディアに情報を流さない」という当時のスタンスは、安田さんとしてはどう思いますか。ちなみに、高世さんは当時の方針や対応を振り返って、「当時の対応としては、犯人側が公開した安田さんの映像などについては、メディアに報道を自粛、または慎重にするよう、もっとしっかり申し入れるべきだった」と話しています。

安田　メディアに流さないというよりも、メディアが報道を控えるというのが本来の姿だと思うんです。「報道しない」というのが、こういうケースでの基本的な話だと思います。日本で人質事件とかあったら、当事者の人命に配慮して報道を控えるわけです。これと同じことだと思います。それに、報道することによるメリットがないんです。捕まっている側にとっても、解決に向けての効果ははっきり言って何一つない。悪影響しかないです。

綿井　安田さんを拘束しているグループは、「国境なき記者団」が声明を出したことを知ったわけですよね。拘束グループは、安田さんに関するメディア報道を気にしていましたか。また、それによって何か影響がありましたか？

安田　声明が出た段階では、彼らはまだ気づいていない。２０１６年３月に動画を公開した反応を彼らもチェックしましたから、そこでニュースを見て初めて「ヌスラ」と報じられていることや、「国境なき記者団」の声明が元になっていることも知ったようです。

■「声明」が拘束している側に影響を与えることはない

綿井　「国境なき記者団」の声明があり、年が明けた2016年1月15日に、「危険地報道の会」の報告会で、安田さんの拘束経緯の説明を高世さんにしてもらいました。その後、3月17日に、拘束中の動画が公開されます。詩を読む動画でしたね。拘束中の安田さんの映像や写真が表に出たのは、これが初めてでした。

安田　そうです。向こうに「これ読んで」と渡されて、「自分でも何か書け」と言われて書かされて、やつらが全部チェックしたうえで読まされました。動画も画像も、すべて言われたとおりにやっています。

川上　高世さんは安田さんの解放について「身代金での交渉をせずに解放する方法を探っています」と話していましたが、結局、さっき話に出たウイグルルートはうまくいかなかった。当初は「危険地報道の会」でも全然動かなかったわけじゃないですか。ところが、2016年3月に動画が出て、それで、さあ、どうするという話だったよね。

綿井　あのとき、我々は高世さんとジャーナリストの藤原亮司さんを交えて、これからどうすればいいかを話しました。「危険地報道の会」としては、「ヌスラ戦線の指導部に向けた英文やアラビア語の解放アピールを出すのはどうか」という提案をしましたが、安田さんと親しい人たちからは「それは絶対にやめてくれ」と言われました。

安田さんが拘束されている間に、日本でもいろいろなジャーナリストたちが解放に向けて画策したことは事実ですが、「解放に向けて何をすべきか、すべきではないか」の方法論では足並みがそろわず、非常に動きにくかったですね。

安田　何か声明を出すというのは、出す側のスタンスを社会に示すという意味はありますけど、それを受けて彼らが解放することは絶対ない。声明によって彼らのやり方に何か影響を与えることはないと思います。仮にスパイ容疑で拘束されているのなら、「彼はスパイじゃなくてジャーナリストだ」とアピールすることに意味はありますが、スパイ容疑というのはかなり初期の段階の話です。自分の場合も、あの段階ではもうスパイ容疑ではないので、効果はなかったと思います。

ただ一般論として、すでに報じられている件に関して「こういう問題についてこういうスタンスである」と言うことはいいと思うんです。相手に対して働きかけるというより、「ジャーナリストとして、こういう問題について我々はこういう立場です」と社会に向けて言うのはいいと思うんですね。

土井　私たちは、「何かしなきゃ」というすごい焦りを感じていましたよね。そして「今、僕らにできることは声明を出すことだ」ということになったわけです。しかし拘束した犯人たちが、それによって実際に安田さんを解放するとは正直、期待できなかった。では、あのときに、私たちはどうすればよかったのか、何ができたのか。

今思うと、組織ジャーナリストとかフリージャーナリストの枠を超えて、こういう緊急時の対応について、事前に何か合意や取り決めをつくっておくべきではなかったろうか。ジャーナリストは独自の取材や報道でスクープを狙いたいと思うでしょう。でも一方で、安田さんの生命を考えなくてはならない。そういう場合に、私たちはどうすべきなのか。その準備がまったくできていないと思います。後藤健二さんのときもそうでした。そういう合意をつくることは可能だろうか。

川上　「日本新聞協会」や「民間放送連盟（民放連）」で、安全とか権利保全について常設の機関、委員会をつくって、そういう事件が起こった場合の報道のガイドラインをつくることがあってもよかったと思いますね。そうすれば、フライングかどうかということもわかるし、危険な報道かどうかというのもわかる。そういうものがまったくないから。

土井　だから、この討議の中でそういうことを提起していくのも重要ではないかと思います。もちろんこの場でパッとできるわけではないけど、やはりこの教訓を生かしていかなければ。

綿井　もし国内で誘拐事件が起きたら、警察とメディアは報道協定を結んで、「事件が解決するまではメディアは報じない。しかし、警察からは内々のブリーフィングで捜査状況・情報をメディアに伝えます」という体制で基本的にやるわけです。でも今回の場合は、私たち「危険地報道の会」が外務省の邦人テロ対策室に面会に行っても「事案の性質上、お答えできません」という対応をされるだけでした（2016年7月と18年5月に同室担当者と面会）。日本政府が安田さんの拘束に関する詳しい情報をメディアに流すということは、解放までありませんでした。

川上　だから、新聞協会とか民放連とか、メディアが組織体として交渉すれば、外務省も一応は対応せざるを得ないのではないか。それによって、「動きがあったら、それは教えますよ」という形での協力も必要になる。でも、そういうまとまった連携がない。メディアはメディアで勝手にやっている。そこは大きい問題ですね。

高橋　過去にこういうことで、新聞協会などで考えられたことはないですか。

綿井　過去の事例を調べてみたら、1996年にメキシコで日系企業の日本人社長が誘拐、身代金要求をされた事件が発生したときに、外務省が日本の報道機関に対して「解決するまで報道を自粛してください」と要請したケースがありました（同社長は9日後に解放）。

土井　外務省からメディアに？

綿井　日本のメディアに対してです。ところが、当時の日本のメディアは報道を自粛したんですけど、メキシコの地元メディアが報じてしまいました。90年代でもこうなってしまったのですから、今やこれだけのネット社会で、国内だけの報道協定や要請なんて、ほとんど意味がないですよね。

川上　今のようにニュースが国際化している時代で、報道協定のように「日本だけでまったく報じない」ということは、たぶんできないと思うんですよ。ただ、信憑性《しんぴょうせい》のない情報を流すとか、日本のメディアが日本人を拘束している組織の映像や主張をそのまま流して、その広報担当みたいになることはやめようということですよね。

綿井　「安田さんの事件を公に出すと、安田さんの身に危険が及ぶ。あるいは、身代金の金額がつり上がる。犯人グループはむしろ調子に乗って要求をしてくる。だから、安田さんの拘束に関して公の場で触れることはやめてほしい」ということは、当時、安田さんの周りの友人たちからも盛んに言われました。今振り返って、どう思いますか？

土井　捕まった本人、安田さんからすれば、私たちが考えていた声明は、「解放にはほとんど効果がないし、内向けのものである」ということですが、その指摘は、当事者である安田さんでなければ言えないことでしょう。では、安田さんの立場としては、日本にいる私たちにはどう動いてほしかったのか、あるいは、動いてほしくなかったのか。

安田　情報を探るのはいいと思います。でも、報道は一切してほしくなかったです。報道されることのメリットは全然なくて、結局、家族を含めてのバッシングに使われるだけですから。

報道の意義に対する社会の理解がないのと同時に、メディア自体が、紛争地の報道についてどこまで考えているのか疑問に感じます。今回の場合でも、拘束者につながる人物が持ってくる、私が映っている動画などを日本のメディアが買って、持ってきた人間にインタビューして、彼らのコメントを出してしまう。私が「自殺未遂を3回した」とか完全にデマだったのですが、彼らは、それを流して日本側が危機感を抱けば交渉に乗ってくるだろうと思ってやっているわけです。それをそのまま流したわけですから、メディアも「仲介人」になってしまったということです。そのことを自覚してやっていたのかどうかというと、おそらくしていないでしょう。

■日本政府が「アピール」で方針を変えることは絶対にない

石丸　安田さんと一切連絡が取れない状況で、日本にいる私たちは何をしたらいいのか、また何をすべきでないのか、さんざん議論をして、日本政府に申し入れをしようということになりました。水面下であれ何であれ、人命救助のために政府が積極的に動くべきだと。2016年3月に犯行グループが安田さんの動画を公開した後、7月になって、私たちの中の数人が外務省に行きました。安田さんについて把握していることはあるのか、政府として救出に動いているのかと尋ねても、何もちゃんとしたことを言いません。安倍政権は、後藤健二さんのときに何もやらなかった前科がある。もっと尻をたたかなきゃいけないだろう、政府を動かすためには世論を動かさなきゃいけない、それで外務省に行く前にアピールを出そうという話になりました。安田さん救出に政府は動くべきだという日本国内向けの声明と、ヌスラ戦線指導部向けのアピールを準備したわけです。

公表前に、まず家族の意向を訊《き》くことになりました。家族が納得しないままやるわけにはいきませんから。6月に家族に手紙を送るなどして接触してみたところ、「今はやめてほしい」ということだった。それでできなかった。これは教訓ですよね。

諸外国の例は後でも話が出てくると思いますけれども、政府とジャーナリズムが密に連絡をとり、家族とも連携して対応したケースがあります。2016年にヌスラ戦線が解放したドイツ人女性ジャーナリストの場合、家族に身代金要求があった後、政府が解放に向けて動くとともに、彼女を危険に晒《さら》さないためメディアと報道自粛を協議してうまくやりました。安田さんと同時期にシリアで拘束されたスペイン人ジャーナリスト3人も、スペイン政府がカタール政府に働きかけるなど積極的に動いて無事に救出されています。解放された記者のインタビュー記事が朝日新聞に掲載されましたが（2016年6月10日）、「解放に尽力してくれた政府関係者をはじめ、国民は私たちを見捨てなかった。スペイン人に生まれて、本当に良かったと思った」と語っています。残念ながら、安田さんに対する日本政府の対応とは雲泥の差ですね。

また、我々を含めたジャーナリズムの側に、力も社会的信頼も足りなかったということでしょう。「日本政府は動くべしと社会に対してアピールするのは、家族の意向とは分けて考えるべきじゃないか」という意見も出ましたが、結論としては、家族の気持ちを尊重しないわけにはいかず、立ち往生することになりました。

綿井　当時、「私たちが今やっている交渉ルートに影響があるので、そうした声明や解放アピールを出すことはやめてください」と言われたんですね。

安田　その交渉というものが何だったのかはわからないです。外務省が「信頼できる情報源から入手した」という私の状況が妻に知らされたのですが、その内容は、実際とはまったく違っていた。政府は隠すことはあっても、嘘を言うことは基本的にないので、ほんとうに拘束者につながる情報源があったのか疑問です。

今の日本は、こういう事態において「政府を動かそう！」と言って世論が盛り上がるような社会ではないです。だから、現実に捕まっているときにそういうアピールをやっても、悪影響しかないと思います。それは、後藤さん・湯川さんの件があった後にやらなくちゃいけなかったんです。でも、「殺されました」で終わってしまった。２人が殺害された直後の世論調査では内閣支持率が上がっていますから、世間的には「よくやった」という評価だったわけです。それなのに今回は対応を変えるなんてあり得ない。

日本社会は、そういう社会だから、ものすごいバッシングが起きて、結局、家族が大変な目に遭うだけで終わると思います。ましてや、日本政府がそれで方針を変えるということは絶対にない。１００％ないです。

綿井　ほかの国と違って日本では対応が難しいのは、フランスやスペインもシリアでジャーナリストが拘束されましたが、政府がアンダーグラウンドでいろんなルートを使って解放交渉をして、最後は身代金を支払って解放されたというケースもある。日本の場合は、身代金も払わないし、そうした交渉も一切しない。そういう状況下で、周りの人たちは何ができるでしょうか。

安田　デンマークは家族が募金をして払っています。政府はその間、一貫して「何もしません」と言っています。最初は家族や周辺だけで、それでも全然足りないので少しずつ呼びかける範囲を広げて、「こういう事情だから公にしないでほしい」とお願いして、みんなでそれを守って最終的に募金だけで全額そろえて支払った。でも日本でそれをやると、募金をすること自体がバッシングされると思います。

■アメリカ国民は政府を批判するが、日本国民は政府を支持する

川上　２０１６年3月に動画が公開され、5月29日に「助けてください　これが最後のチャンスです」と日本語で書かれた紙を持った写真が公開されました。そのとき、「最後のチャンス」というのは「交渉期限を1カ月と切ってきた」という意味ではないか、という話が出回った。また、期限が切れたら「イスラム国」に渡されるかもしれない、という話も出ました。

綿井　そうです。5月29日に公開されて、1カ月ですと言うから、6月29日が期限だと理解しました。

安田　現場では何も言われていないです。

綿井　当時、メディアに安田さんの安否情報を流していたシリア人が、「ヌスラ戦線は身代金1000万ドル（約11億円）を要求したが、日本政府や関係者が交渉に動かないので、期限を切ることにした」と日本のメディアに答えています。だから我々も、解放アピールの声明を急いで準備して、期限の2、3日ぐらい前に出そうとしたのですが、結局は断念しました。

川上　そのときは、あまりにも微妙なタイミングなのでマイナスの影響があったらいけないからということで、声明を出すことをいったん保留にしました。

ただ、その後、なかなか出すタイミングがなかったんだけど、2017年になると深結さんが「婦人公論」のインタビューを受けるなど、ちょっと状況が変わってきた。何かを発信しなきゃいけないのかな、と僕らも思ったわけじゃないですか。それで、「危険地報道の会」で同じようなアピールをつくりました。それは、日本政府に対して安田さんの解放に全力を尽くすことを求めるもので、つまり、世論に対する訴えかけですよね。安田さんのことをみんな忘れているみたいだし、そういう状況の中で、あらためて、安田さんが拘束されているということについてアピールしなくてはいけない、という思いが周囲にあったということだよね。

綿井　そうです。安田さんの解放に向けて、当時シリアで解放された他の外国人の人質の経過から、拘束組織と関係が深いカタールなど「第三国」の協力と、日本政府の働きかけによる政府レベルでの交渉を日本政府に求めるアピールを「危険地報道の会」は公表しました（2017年4月15日付。アピール全文は106頁に掲載）。

川上　それは、さっき石丸さんが言った、ジャーナリズムの力というのはいったい何かという話になるわけじゃないですか。ジャーナリズムの力って、要するに、市民社会からの信頼に基づいた影響力だと思う。それがあるから、政府に対してもジャーナリズムとして力を持ち得る。日本の場合には、市民社会に対してジャーナリズムが影響力を持っていないし、市民社会も、メディアが危険地で取材することの重要性を理解もしていなければ、支援もしていない。そういう中で、政府に対しても力になり得ないという二重の弱さがあ

【安田純平さん解放のための日本政府へのアピール】

2015年6月にジャーナリストの安田純平さんがシリアの北部でヌスラ戦線（現・シリア征服戦線）と見られる武装組織に拘束されて2年が経とうとしています。16年5月に、「助けてください これが最後のチャンスです」と日本語の紙を掲げる安田さんの画像がネットで公開されて以来、新たな情報もありません。

安田さんと同時期にヌスラ戦線に拘束されたスペイン人ジャーナリスト3人が16年5月に無事解放され、同年9月には約1年前から拘束されていたドイツ人女性ジャーナリストも解放されました。それぞれスペイン政府、ドイツ政府が解放のために動いたと報じられています。

安田さんの画像が出た日の会見で菅義偉官房長官は「邦人の安全確保は政府の最も重要な責務」と公言しました。しかし、安田さんの解放について、政府が積極的に動いている様子が見えません。

15年1月にジャーナリストの後藤健二さんが「イスラム国」（ＩＳ）に拘束され、殺害された事件で、日本政府は「テロリストとは交渉しない」という姿勢を押し通し、解放につながる有効で実質的な交渉ができませんでした。当時はアメリカ政府も日本政府と同様の立場でしたが、15年6月に方針を変更し、「人質の安全と無事に帰還させることが最優先」とし、人質の家族が解放のために身代金を支払うことを認め、政府が家族を支援するためにテロ組織と連絡をとるという新たな対応策を打ち出しました。

米国は方針を変更する前も、自国民の保護に積極的に動いていることが知られています。2014年8月、アメリカ人ジャーナリストがヌスラ戦線に2年間拘束された後、解放された時、カタール政府が仲介したことが分かりました。当時のケリー国務長官は「2年間、政府は解放を実現するために、力になってくれる者たち、その手段を持つ者たちに緊急の援助を求め、20ヵ国以上の国々と連絡をとった」と明らかにしました。

安田さんを解放するためには、シリア征服戦線（ヌスラ戦線）と関係の深い「第三国」の協力が不可欠です。それには日本政府の働きかけによる政府レベルの交渉が求められます。

4月4日にアサド政権軍によって化学兵器が使われ、多くの民間人の犠牲者が出たシリア北西部のイドリブ県は、安田さんが拘束されたとされる場所です。4月7日、アメリカによるシリア攻撃によって、シリアをめぐる情勢はさらに悪化することが予想されます。現地の住民の安全とともに、安田さんの安否も気遣われます。救出を急がなければなりせん。

情報が少ない中､安田さんのご家族には不安､焦り、疲労が募っていることは想像に難くありません。安田さんの一日も早い帰国が実現するよう日本政府が中東諸国や欧米と連携しつつ、最大限の努力をするよう求めます。

2017年4月15日「危険地報道を考えるジャーナリストの会」

ると思うんですよ。
そういうところで、安田さんが言うように、日本でこういうことをやっても社会のバッシングを受けるだけで全然意味がないんだ、という考え方も出てくるけれども、本来の考え方でいえば、やっぱりジャーナリズムの役割として社会の理解を得るべく何かを訴えていかなきゃいけないと思うんだよね。その訴え方の問題がある。ジャーナリズムのほうで危険地報道についての「あるべき論」をやっても、結局はそっぽ向かれるだけだから、どうにかして危険地報道の必要性について社会から理解してもらわなきゃいけない。そういう原点の問題があると思う。

石丸　今回の安田さんの件に関して政府は動こうとしなかったんだろうけれど、これからもずっとそうなのかというと、そうは思わない。
後藤さん拘束の件のとき、危険地へ行くジャーナリストもバッシングを受けたけれど、一方で、安倍政権も非難されたわけです。「なぜ何もしないのか。よその国はやっているじゃないか」と。自民党の高村正彦副総裁（当時）は、後藤さんの行動を「蛮勇だ」と言った。後藤さんは面倒を引き起こした、けしからんという政権の本音が現れた発言だったたと思う。でも一方で、後藤さんが結果的に殺害されて「国民を助けようともせず冷酷だ」という批判も浴びた。これで安倍政権も学習して、損得の計算をするようになったのではないか。

安田さんの事件では、関連情報を統制する一方で、2018年10月24日の解放情報を受けての会見で、菅官房長官は「国民の命と平和な暮らしを守ることが政府の最大の責務だ。今回の案件は、官邸を司令塔とする国際テロ情報収集ユニットを中心に、カタール政府、トルコ政府をはじめとする各国に協力を求めてきた」と発言した。何もしない、冷たいという批判を回避して「対応しているふり」「心配しているふり」だけはする。でも、これはこれで変化です。その本意は、失点したくない、あわよくば得点を稼ぎたいということだったと思いますが。

後藤さんの事件のときや、杉本祐一さんの旅券返納命令事件（2015年、シリア取材を計画していたカメラマン杉本氏が外務省から旅券返納を命じられた）のときに、私に言わせればジャーナリズムの立場をかなぐり捨てて、政権擁護の論を張った産経新聞も、安田さん事件に際しては、「邦人の命を救うのは国として当たり前だ」という趣旨の社説を出しました。

川上　ええ、出ましたね。

石丸　意外だと受け止めた人もいたと思いますが、政権も、政権に近いメディアも、いわば損得勘定をして動くようになった部分があるのではないでしょうか。邦人が外国で拉致されるようなことがあったら、それがジャーナリストであれビジネスマンであれ、命を助けるために政府が動くのは責務である。そういうことを常識化していく可能性も見えたと思います。私たちを含めて多くの人が声をあげるのをやめなかった成果だと考えられないでしょうか。

安田　でも日本政府がどういうふうに対応を変えたかというと、パスポート没収を始めた。取材させないという方向に変わったんだと思います。捕まった場合に対応できないので、そもそも行かせない。それはフリーランスを標的にしていて、大手メディアには「わかっているな」と言っているわけです。報道させないというか、現地に行かせないという方針を強化したのだと思うんです。政府関係者が自己責任と言わなくなったのは、100％政府責任によって行かせないことにしたからだと思います。

高橋　今回の常岡さんの旅券返納のことにしても、メディアはほとんどまともに取り上げない。新聞では、朝日新聞が少しだけ問題点を指摘したけれど、あとはベタ記事、もしくは無視ですよね。

安田　杉本さんのときはいくらか記事が出ていましたけど、あのときは裁判をやったから。

高橋　今回の旅券返納問題は、そのあたりのメディアの沈黙が不気味だし、問題ですよね。

綿井　杉本さんについての2015年当時の世論は、むしろ「外務省はよくぞ止めた」という声が多かった。あのとき、産経新聞・FNNや日本テレビでの世論調査で、ともに8割ぐらいが返納命令について「支持」「やむを得ない」という結果でした。ヤフーニュースのネット調査でも6割以上が外務省の対応を問題ないと見ています。2019年6月に報じられた、安田さんの旅券発給「保留」措置（後述）を報じるヤフーニュースのコメント欄も、凄《すさ》まじい荒れ方です。ほぼ全て外務省の対応支持でした。

高橋　ネットの声は、そうかもしれませんね。

綿井　2004年のイラク人質事件当時とはメディア状況が違っていて、今ではネットが日本社会の中での影響力を高めている。こうした「支持」が潜在的多数派の意見を占めていると思います。

川上　結局、メディアも世論の動きを見ているし、どういうふうに報じるかは、危険地に行くなという政府の圧力か、危険地のことを知りたいという国民のニーズかという、そのせめぎ合いの中で決めている。だから、政府の対応についても「どうせだめだ」と考えないで、これもある種のせめぎ合いだと思うしかないですよね。

アメリカだって、ジャーナリストのジェームズ・フォーリーが２０１４年に「イスラム国」に殺されたときに、家族が「国は救出のために最善を尽くしていない」とオバマ政権を批判したことで、政権は人質の生命を最優先するとして、政府が過激派ともかかわる方針に変えざるを得なくなったわけですよ。それに対して日本は、その後の２０１５年に後藤さん、湯川さんが「イスラム国」に殺害される事件があったのに、政府の方針は変わっていない。

安田　アメリカは、政府が交渉しないだけでなく家族が対応することすら禁じていましたが、フォーリーの殺害後に批判が広がって、「政府は身代金要求に応じないが、対応するのは認める」に変わりました。日本国民はむしろ政府を支持しましたし、家族が政府を批判することも日本社会では許されない。政府が方針を変えるほどに日本の世論が変わるには、ほんとうにすごい時間がかかるでしょう。やらなかったら変わらないので、やらなくちゃいけないことですけど、相当に大変な作業だと思います。

川上　でも、大変な作業と思ってやるしかないんじゃないですかね、結局。

■解放直後に取材を受けるべきではなかった

土井　後藤さん事件のとき、危険地へ取材に行った後藤さんへのメディアや社会の批判は激しかった。しかし安田さんの場合、帰国直後の記者会見で、安田さんの対応がよかったことも大きいと思いますが、右派系の新聞でさえも、好意的な報道をする空気がありましたよね。それは、危険地報道に対する理解に変化があったということだろうか。もし何か変化があるとすれば、そこに私たちが危険地報道に対する社会の空気を変えていくヒントがあるような気がしますね。

安田さんの事件に対する社会の空気は、後藤さん事件のときの空気と、どう違うのだろうか。

高橋　一つは、安田さんが、質問がなくなるまでずっと会見を続けたということが大きい（日本記者クラブ会報によると、安田さんの会見時間は2時間40分と今世紀の同クラブ会見で最長。また、記者会見の参加者は今世紀3番目の386人だった）。見ていて、逃げない姿勢があったし、肉声が伝わるというのは世論に対する影響が少なからずあったと思います。釈放されたばかりの安田さんが生で語ることで、見た感じの印象も含めて、真摯にこちらに向き合っていることが伝わった。後藤さんのときには、後藤さんの肉声は過去のものしか出せなかった。

安田　あの会見には、いろんな反応がありましたけどね。「意味がわからない」と言っている人もたくさんいたのですが、あれは記者会見だから、「記者向け」にはあれでいいと思って話したんです。記者としては、余計な解釈とか入れないで事実関係を細かく話してほしいわけだから。自分が取材する側だったら、そういうふうにしゃべってほしいですし。3年4カ月にわたる話だし、自分の発表の場なら取捨選択して伝えたい部分に集約させますが、事実関係を説明する場でしたから、取捨選択や要約はむしろ許されないと思って話しました。
でも、今はリアルタイムで動画が流れるから、一般の人も同時に会見を見るわけです。そういう人たちは、拘束の経緯や背景について、すぐには理解できないですよね。以前は、会見を聞いて、それを一般の人がわかるように書くのがメディアだったわけですけど、そうではなくなった。

高橋　そうですね。

安田　記者が必要なくなったということですね。だから、ああいう会見の内容が、結果としてよかったのかどうかはわからない部分です。

川上　記者会見の前に、帰国する飛行機の中でインタビューを受けたでしょう。

安田　あれはあれでキツかったですよ。直後でしたから。

「イスラム国」から解放された人の本などを読むと、解放直後は精神的にいろいろ問題があるので、家族が接するときはこうしなさいとか、家族とかから手紙があった場合はこういう順番で渡しなさいとか、解放されたときのホテルの部屋はこういうふうにしたほうがいいとか、すごく細かく指示しているんです。心理学者がついていって。

土井　誰が指示しているんですか。政府ですか。

安田　デンマークの場合は家族たちでやっているんですけど、そこに外務省と警察もくっついてきて、事情聴取するときは横の部屋にずっと心理学者がついている。何かあったときにはすぐ対応できるようにしているんですね。

自分の場合は、隣に外務省の医官がいて体調管理をしてくれたわけですが、危機管理専門の心理学者ではないですし、報道規制することもできないでしょうから、取材攻勢に対しては静観していました。外務省の人も飛行機の中にいるけれど何も制限はしていない。航空会社が「周りのお客様に迷惑がかかるのでやめてください」ということを再三言っていましたけど、記者は無視して来るわけですね、ずっと。結局、飛行機の中では一睡もできなかったです。

綿井　解放直後にそれはきついですね。

安田　3年間、ずっと独房にいて全然情報がない状態なのに、いきなりカメラを回されて一発勝負で印象が決まる。また、飛行機の中で「身代金が支払われたという情報がありますが、どう思いますか」などと聞きに来るわけです。解放の経緯から考えてそんなことはないと思っていたんですが、何でそういう話になっているのかわからないので、反論しようがなくて。

川上　私も、ヌスラ戦線から解放されたスペイン人ジャーナリストの解放後のメディア対応などを調べて、すごく心配していました。日本のメディアは、帰ってきたらすぐ記者会見すると思っているから、そういう意識じゃ全然だめですよ、ということを「安田純平さんを救う会」（以下、「救う会」）の関係者に言いました。しゃべるのなら空港で一言二言しゃべって、あとは時間を空けてから対応したほうがいいと。ところが、ふたをあけてみると、飛行機で安田さんが話をしている。それで、「あれっ、安田さんは全然違うのかな」と思って。しかも、テレビでもその模様が流れたのがすごく意外だった。

しかし、逆に言うと、ああいう状況でジャーナリストが何かを語る場面を、日本の市民は見たことがないわけです。ある意味、結果論としては、安田さんという人間が近く感じられた機会だったと思うんですね。

石丸　そうですね。「ああ、安田さん無事で、元気そうでよかった」という空気になったんですよ。

安田　ほんとうにあれは結果論で、結局、自分がそこまで酷い状況じゃなかったからよかっただけで。

綿井　今回は結果論だとしたら、もし同じようなことが起きたとき、解放直後に飛行機の中でああいう取材対応をするのは……。

安田　やらないほうがいいと思います。

川上　そういう意味では、安田さんは悪い先例をつくったかもしれない。今後、同じようなことが起きたときに「安田さんは飛行機の中で答えたぞ」と。

綿井　メディア側からしたら、気持ち的にはわかりますね。飛行機に同乗しているわけだから、少しでも話を聞きたくなるでしょう。日本国内の飛行機内では無理でしょうけど。

安田　同乗しているのは〝箱乗り〟取材のためですから。

高橋　みんなが驚いたのは、予想以上に安田さんがしっかりしゃべっていたということですね。でも、それは特異なケースであると。

安田　結局、状態ってわからないわけですよ、解放されるまで。解放されたときに状態が悪かったら、それから考えても遅いので、基本的には状態が悪いものとしてやらなくちゃいけない。

綿井　２００４年のイラク日本人人質事件のときは、結局、解放された３人のうち、帰国した12日後に男性２人だけが初めて会見をしているんですけど、当時は話せば話すだけ〝炎上〟するような袋叩《ふくろだた》き状態でした。しかも、当時は今回と違って、政治家や一部の新聞・週刊誌まで、自己責任バッシングを煽《あお》る発言を繰り返していた。

安田さんは帰国してから会見を開くまで、結局１週間空けましたね。あのぐらい間を空けて、よかったんじゃないですか。

安田　そうですね。家族に言われて検査入院したのですが、１週間空けたので、その間の報道とかをいろいろ見て、ある程度、様子がわかりました。その間は、メディアも基本的には取材は控えてくれていたんです。控えている代わりに、好き勝手なことを言われましたが。

高橋　安田さんは、会見するまでの１週間、精神的なケアは受けたんですか。

安田　精神科医やカウンセラーと話はしました。あとは身体検査とか。でも、一般的なカウンセラーでは無理では、と思ってしまいました。

高橋　現地事情がわからないから。
安田　はい。「こういう話は通じないだろう」というのが、どうしてもこっちにあるので。どんな人でもその人特有の事情があるし、カウンセリングに必要なのは患者の専門分野の知識ではなくてカウンセリングの技術ですから、あちらには問題ないのですが。
高橋　こういうケースに対応できる精神科医は、なかなか日本にいないのではないですか。
安田　でも、ああいうケースじゃなくても、人質事件とかは起きているわけじゃないですか。だから、いるはずなんですよ。警察とかは、そういうケースに対応する専門家を知っているはずですが、そういう人によるケアはなかったです。
川上　本来だったら、解放されたら、まずイスタンブールなりに行って、メディアからシャットアウトしてケアするべきです。ヌスラ戦線に拘束されて解放された3人のスペイン人ジャーナリストの事例だと、記者会見もせず、どういう状況かというコメントを代理人が出すだけでした。僕は安田さんもそうするだろうと思っていたんです。だから、安田さんが飛行機でメディアのインタビューを受けるというのは、ほんとうはあってはいけないことなんですね。

安田　解放されて最初に入れられたトルコの入管施設は、外部との接触は一切許されませんから、そういう相談もできません。アンタキヤからイスタンブールに行く飛行機から、まったく無防備な状態でメディア対応をしなければなりませんでした。今回の拘束状況が「イスラム国」とかと比べればましだったので、たまたまよかったというだけで、状況次第で全然違ったと思います。ボロボロで話もまともにできない状態の姿を世界中にさらされることになりかねません。

■家族は対外的な対応は一切しないほうがいい

綿井　少し時間を戻しますが、安田さんが解放される約3カ月前、2018年7月31日に、拘束中の安田さんの新たな動画（「私の名前はウマルです。韓国人です」と話しているもの）が公開され、8月7日に深結さんが記者会見をします。それに合わせて「安田純平さんを救う会」ができました。その後、9月に入って川上さんがトルコ在住の知人ジャーナリストを通じてつかんだ現地情報として、トルコのイスラム系人道支援組織から、安田さんの解放交渉が進んでいることを知らされました。「救う会」事務局の関係者も、同時期にまったく同じ情報を把握していましたね。もし、もっと早く安田さんの親族や家族が会見をやっていたら、周辺国の解放協力の動きが早く始まっていたのかなという気もするんですが、その辺はどうですか。

安田　協力要請は、外務省がやってはいるわけです。トルコとかカタールに情報提供を求める範囲だと思いますが、そういうことはやっていた。会見をやったから日本政府が動くということはないと思います。その前に殺されるかもしれないわけですから、動くならその前から動かないといけないし、動かないと決めているなら会見をやってもそれは変わらないでしょう。それまで動かなかったことの説明がつかない。家族のいない人だったら誰も会見できませんから、会見したかどうかで政府の対応が変わるとしたら、家族の有無で差別することになってしまう。

綿井　日本での過去の例を見ると、拘束された人の親族が会見するというと、国内世論の心配ばかりして、「バッシングを受けるから、やめたほうがいい」と考えてしまいます。今回も私は同じ心配をしました。しかし、対外的には、やっぱり家族や親族が会見したほうが世界的な関心や解放への働きかけを呼び起こすのではないでしょうか。それともやっぱりしないほうがいいと思いますか?

安田　よその政府が会見を見て、「助けなきゃ」なんて親切な対応はしないのではないでしょうか。やっぱり、日本政府から何か要請がないと勝手に動けるものではないですから。

綿井　今回の場合、安田さんが拘束されている間の待遇ですが、自称「仲介人」との交渉が進んでいるときは基本的にゲスト扱いですよね。だけど、自称「仲介人」が交渉を降りるとなった後は、巨大収容施設に行って、それこそ放置で、虐待も受けてという扱いになっている。拘束中の動画や写真撮影をされているときも、同じ扱いではないでしょうか。何らかの交渉があるかないかで、人質の扱いも変わるのではないでしょうか。

安田　巨大施設に移ってからの半年ぐらいは、虐待的なものは全然なかったんです。移ったのは、交渉が始まる様子もないのでコストカットしたわけです。最初は専用の民家を用意してテレビまで置いて、自分専用の監視をつけていたけど、もう面倒くさくなって、でかいところに入れた。見せしめの拷問が始まったのは巨大施設に移って半年してからで、「スパイ行為をしている」という疑いをかけられてからです。もちろん日本側から反応があれば、そうした扱いにはならないわけですが。

綿井　２０１６年の後半から17年にかけて、安田さんに関する交渉や解放への動きがほとんどないときに、我々も基本的に動きようがなかった。しかし、そのときに少しでも、もっと日本政府に対応を迫るアピールや、安田さんの解放を呼びかけるキャンペーン等をやっていたら、いい意味でも悪い意味でも、拘束グループたちが、それに反応した可能性はあったでしょうか。

安田　直接のやりとりがあるかないかでしょう。そういうことで情状酌量はないと思います。今回の相手は組織名を出していないので宣伝になっていないのですが、基本的に、キャンペーンをやると拘束者の宣伝をすることになりますから、騒がないのが原則ではないでしょうか。

川上　安田さんの最初の動画が公開された時点で、家族とも連絡をとりつつ、弁護士も加わって、政府やメディアと対応する「救う会」のようなものをつくったほうがよかったような気がしますね。政府との関係も、僕らが見ていると、深結さんだけで政府や外務省と対しているみたいな感じで、ある種、危うさをすごく感じました。

綿井　２０１８年の映像公開の後、深結さんの記者会見のときに「救う会」の事務局が発足しました。弁護士や深結さんの友人たちが中心の、実質的には「深結さんを支える会」という形で、安田さんの家族・親族のケアと対外的な窓口を兼ねたものだったと思います。そこにジャーナリストがどうかかわるかについては、意見が分かれました。

安田　メディアの人もいたんですが、ジャーナリストとしてではなく、「会見の対応はこうしたほうがいいですよ」とか、そういうアドバイスをしてくれていました。

川上　メディアの人間が「救う会」に入る必要があるとは思わないけどね。メディアとして独自の対応をとりつつ、「救う会」とも連絡をとり合う必要はあると思うけれど。要するに、家族だけでなく、弁護士とかそういう人が、政府はじめ公の機関と対応できる体制がもう少し早くからできていたら、ということですよ。

安田　取材に行く本人が、家族にそういう体制を残しておくしかないと思います。全然知らない人が話を聞きに来ても、家族は絶対に対応できないですから。会見に限らず、誰かと会って話した言葉一つ一つが広まって、利用されたり批判や誹謗中傷《ひぼうちゅうしょう》につながったりするものだと考えて、家族は対外的な対応は一切しないほうがいいです。

綿井　我々も、安田さんのご家族にはずっと接触しなかったんですよね。２０１６年６月に解放アピールを準備した時期に、安田さんの親族・家族に連絡をしたのが最初です。

川上　家族へのサポート態勢が早目にできていたら、いろいろとかかわってこようとする人たちについて、「この人は大丈夫ですか」という問い合わせに対応することができるわけで。

綿井　今回で言えば、もっと早い段階、つまり拘束されたことがわかった段階で、ジャーナリストではなくて、弁護士的な立場で代理人を務められる人が安田さんの家族との間に入って、「対外窓口」「交通整理」ができたらよかったのかな、という気がします。

■基本的には、拘束された本人の意思とは関係なく対応すべき

土井　私たちが声明を出そうとするときに、「まず家族の合意を得なければ」という意見と、「家族の問題とは別に、ジャーナリストとしてこの問題にどう対応するかは分けて考えたほうがいい」という意見とで、ずいぶん、議論しましたよね。後藤さんのケースと安

田さんのケースとは状況が違い、対応も変えるべきだと思います。後藤さんの場合は「殺されるかもしれない」ということがあり、急を要しました。一方、安田さんの場合は少し事情が違っていました。次にジャーナリスト拘束事件が起きた場合も対応は異なるでしょう。

それでも、そういう事件が起きたときに、私たちが当事者の家族にどう対応すべきか、政府に対して何をすべきか、という、ある程度の方向性をつくっておいたほうがいいと思います。

私自身は、「家族への対応・姿勢」と「政府に訴える姿勢」と、分けたほうがいいと思います。もちろん家族の意向は最優先すべきだけど、だからといって、「家族のことがあるので、ジャーナリストとして政府に何も言わない」というのは違うと思います。だから、フリージャーナリストや組織ジャーナリスト、あるいは民放連とか新聞協会などにも呼びかけて、ジャーナリストの立場から独自に発信してもいいのではないか。安田さんからの「そういう対応をされるとかえってマイナスだ」という貴重な指摘を踏まえたうえで、ですが。

石丸　家族優先か社会性優先かと、二分して語るのはあまり建設的じゃないと思う。取材現場でジャーナリストが殺害、拉致されるという重大事件を経た今、危険地取材を続けていくために我々に足りなかったものは何か、どのような準備をしなければならないかを考えることが重要だと思います。

私たち「アジアプレス」のやり方をちょっと紹介したい。もちろん、「これがベストのやり方だ」というわけではありませんが、参考として。

「アジアプレス」はフリーランスの集合体で、個々のメンバーが、行きたい地域、やりたいテーマを持続的に取材・発表するために助け合おうということで、協同・協働して事務所を運営しています。危険地で言うと、この20年間、シリア、イラク、アフガニスタン、北朝鮮、中国、パレスチナ、カシミールなどで取材してきました。あるメンバーが現地に赴いている間、留守番組が事務所でサポートしていく。プレスカードを作ったり、ビザ発給のために便宜を図ったり、メディアに企画提案したり。それから、現地にいるメンバーと密に連絡できる体制をとって、行動予定を毎日知らせてもらって、随時、安否の確認をします。

紛争地取材の場合は、出発前に確認書を書いてもらうようにしています。万一、事故があった場合、「アジアプレス」としては可能な限りの支援をするけれど限界がある。取材は本人の意思で行っているのであって、「アジアプレス」が業務で行かせているのではない。したがって、事件、事故に遭遇しても、「アジアプレス」に一切、救援救出、賠償を求めない。もし亡くなるような事故があっても、遺体の搬送は放棄する。何かあったときの政府やメディアへの対応は「アジアプレス」に一任する——。

そういう共同のルールをメンバー相互が同意して、取材に行くという形をとっています。確認書は、本人が内容を書いて家族にも署名してもらっています。取材では、場合によっては本人だけじゃなく、通訳や運転手、現地のコーディネーターなどを巻き込んでしまう可能性もある。賠償問題が生じるかもしれない。マスメディアなら取材は業務だから、保険を掛けて社の責任で対応するだろうけれども、協同組合的性格の「アジアプレス」では、そこまで対応できないので、取材に行く本人の、それこそ徹底した「自己責任」でやってもらう。「アジアプレス」としては、万一の場合はできる限りのサポートをしていく。メンバー間はそういう約束でやっています。

高橋　「救出を求めない」と書くわけですね。

安田　ただ、世論が盛り上がって「救出しよう」という話になったら、「アジアプレス」は動くのですか。

石丸　安全のために動いたほうがいいのか、あるいはやめておいたほうがいいのかというのはケース・バイ・ケースでしょう。

綿井　でも、実際に誘拐や拘束が起こった場合、拘束されている本人の意向をどこまで優先させるべきでしょうか。今回の安田さんも、「身代金は払うな、ほっとけ」というシークレットメッセージを家族に送っていますよね。でも、それに対して周りの者が「本人がそう言っているのだから、何もしないでおこう」という対応をするわけにはいかないんじゃないでしょうか。この件で、フランスやスペインの記者に話を聞いたら、「本人の意向や意思と関係なく、政府にせよ誰にせよ、最大限の救出活動を優先するのが当然だ」という意見でした。

安田　フランス人で救出された人は、身代金を払われたことについて、ずっと悩んでいるんです。たぶん、みんなそうなると思うんですけど。でも、捕まっている最中にほんとうに酷い状況になったら「とにかく助けてほしい」と思うかもしれないし、それはわからないところですよね。基本的には、本人の意思とは関係なく対応すべきものだと思います。少なくとも、行政とか政府は、本人の意向とは関係なく、もう機械的に対応しなくてはいけないはずです。

■自分の意思表示は書面で残しておいたほうがいい

高橋　細かいことですが、一般の人たちには理解しにくいと思うので二つお聞きします。「アジアプレス」のルールで「救出を求めない」と言われたけれど、フリージャーナリストが「救出を求めない」場合の理由を知りたい。それと、「遺体の搬送を求めない」というのは、普通の家族感情ではなかなか理解しづらいと思うんですけれど、そう決めている理由を教えてください。

石丸　要するに、「アジアプレス内では、救援には限界がある」という、メンバー間の相互了解があるということです。

綿井　家族・親族対策もあるんですね。これは大手メディアの過去のケースですが、海外で取材していた記者が事故で亡くなってしまった。そのとき、遺族が会社に対して「危険な地域に無理に取材に行かせた」ということで訴訟を起こそうとした事例があったと聞きます。例えば僕の場合でも、自分自身は納得してその場所に取材に行っているけど、後から親族・家族が「アジアプレスが行かせたから、こんなことになった」というトラブルにならないように、本人と「アジアプレス」の間での了解事項の証明として、あらかじめ書面で表明しておくということです。

高橋　すべて行く人の自己責任だということを明確にしておくという狙いですね。

綿井　少なくとも、本人の自発意思で取材に向かい、「アジアプレス」が無理に取材に行かせたのではないことの証明ですね。二つ目の遺体搬送の問題ですが、旅行保険がカバーできる国や地域はいいのですが、だめな場合は、飛行機での遺体搬送には、日本まで1000万円ぐらい費用がかかるときもありますから。

高橋　家族は説得して応じるものですか。

綿井　僕の場合は、遺体の搬送というよりは、「現地で埋葬してほしい」という本人からの「お願い」「要望」のような感じですね。

ここで、「アジアプレス」と交わすこうした「覚書」に関して、もう少し厳密に言及しておきたいと思います。というのは、以前にこのことを講演で話したときに、「アジアプレスのメンバーは、みんな『遺書』を書いている」と受け取った市民の方が結構いました。テレビ番組で扱われたときも同じ反応です。中には「遺書を書かされている」と誤解した人までいたぐらいです。でも、これは死の覚悟をする特攻隊の「遺書」のような性格のものではなく、あくまでも取材者本人と親族・家族と「アジアプレス」の間での了解事項です。

川上　やっぱり、「アジアプレス」としては財政的に限界がある。それ、僕は当然だろうと思います。

綿井　ある全国紙の記者たちと、イラク戦争直後に戦争取材の社内勉強会をやりました。そのときにデスクの方が、「新聞社として、会社は社員に戦争保険を掛けるが、それは遺族対策もある」という言い方をしていたのが印象に残っています。「新聞社としては、他のメディアや世論からの批判は耐えられるが、遺族から会社が訴えられるようなことだけは絶対に避けたい、という上層部の意見がある。だから多額の保険を社員に掛けている」という話でした。

川上　うん。たぶんそうでしょう。

綿井　僕もそれを聞いたから、自分の意思表示はもちろん大事ですが、それとは別に、家族や親族に対しても、ちゃんと書面で残しておいたほうがいいと思ったんです。万が一の場合でも、親族・家族と「アジアプレス」の間でトラブルが起きることは絶対に避けたい。自分の場合はフリーランスといっても、所属先としては「アジアプレス」で、「アジアプレス」から発行されたプレスカードで取材をするから、いわゆる会社・組織的な遺恨も、家族・親族的な禍根も残したくないという想いです。

高橋　言葉は悪いですけど、ある意味、「アジアプレス」の組織防衛みたいな部分もあるのでしょうか。

石丸　雇用関係のない互助的な組織ですから、メンバーが互いにそういう了解、ルールでやりましょうということです。危険地取材に向かう際にプレスカードを発行することには、組織的な責任が生じます。その範囲、限界について、あらかじめ確認しておこうということです。もちろん、今回の安田さんみたいなケースにうちのメンバーがなったら、メディア対応、家族対応は全力でやります。「何もしない」という意味ではありません。

■日本政府は邦人保護の義務を果たしているか

川上　「アジアプレス」のガイドラインというか、取り決めは、要するに、事故が起こった場合に、それは「アジアプレス」が最終的な責任を持つものではありませんよ、ということですね。

石丸　そうです。個々のメンバーと「アジアプレス」との関係の中で、業務上「アジアプレス」が責任を負うことはないということを、取材に行く本人が表明して行くということです。

川上　そうすると、事故が起こった場合にどうなるかというと、国の邦人保護の問題ということになるわけじゃないですか。家族がどうであれ何であれ、国の邦人保護の義務、責任というのは残るわけです。誰であれ対応しなきゃいけない。それが原則だと思う。

後藤さんの例で言えば、僕は、助かったはずだと思っています。法外な身代金を要求されて湯川さんは殺害されてしまいますが、その後、後藤さんの解放について「イスラム国」は、ヨルダンでの自爆テロ未遂で同国に拘束され、死刑判決を受けているリシャウィという女性死刑囚の解放をバーターで持ちかけてきたわけです。「イスラム国」だからといって、すべて殺してしまうということではなく、金で解放された人間もいたし、条件で解放された人間もいた。後藤さんは武器も持っていない民間人ジャーナリストだし、死刑囚とのバーターが実現すれば解放される可能性があったと思います。

ところが、それに対してヨルダン政府が、「イスラム国」に捕まっている自国の軍人パイロットの解放を条件にくっつけた。これでもうだめだと思いました。その段階で、日本政府から「筋が違うだろう」と言わなくてはならなかった。民間人のジャーナリストの解放交渉をしているところに、「イスラム国」を空爆して拘束された軍人をくっつけるのは次元が違う話で、受け入れられない——ということを、日本政府からヨルダン政府にはっきりと言わなければいけなかったんです。

安田　ヨルダン政府としてリシャウィを解放するわけにはいかなかった、ということではないのですか。ヨルダンの世論を考えて。それで自国のパイロットを条件につけたのでは。

川上　いや、少なくとも「民間人の命を救うんだ」という意思があれば、それはできるわけです。もちろん、何もなければリシャウィは解放できないけど、あくまで人道的な見地で、日本人のジャーナリストの命を救うために、ということであれば解放はあり得る。

安田　ヨルダンとしては、死刑囚を返すのならば、自国の人間で捕まっているパイロットも返せということですよね。

川上　いや、日本政府はそれを追加条件にさせたらだめなわけじゃないですか。それを言わせないでやっていかなきゃいけなかった。日本政府に、絶対に後藤さんを返してもらうんだという意思があれば、止めるはずです。

安田　日本側から止める気で交渉すれば、ヨルダン側もリシャウィだけで納得したかもしれないですか。

川上　ええ。人道的見地だけで、それは説得できるはずです。

綿井　後藤さんのケースは、動画が出る前の段階で、後藤さんの妻が、政府のチャンネルではなく、イギリスの危機管理コンサルタント会社のアドバイスを受けて「イスラム国」

と直接交渉していましたよね。

安田　というか、日本政府が無視したんです。

綿井　日本政府は直接の交渉には関与しない、という姿勢ですよね。あの動画が出た後も、政府は直接交渉にはかかわらず、「イスラム国」と後藤さんの妻が直接メールでやりとりしていた。

安田　それが破綻してしまったので、死刑囚とのバーターという動きになった。だから、今話しているのは、公になった段階で政府に対応させることができるかということですね。

川上　そう。ただし、「イスラム国」がリシャウィ解放という条件をつけてきたのは本気だったと思います。リシャウィの解放は、「イスラム国」にとっては現実に得点を上げられることなんですよ。だから、日本政府はその線で推し進めていくべきだったのに、そうしなかった。ヨルダンがパイロットをくっつけたことに、日本政府は何も言っていないわけだから。そのことに対して、僕は批判しているけど、日本のメディアの大半にそういう批判はなかった。もし、日本政府が後藤さん救出について世論からのプレッシャーを感じていたら、たぶんそうしたと思います。つまり、安田さんの場合にも、日本政府に「邦人を解放するために動かなきゃいけない」というプレッシャーがかかる状況であれば、もっと積極的に動いたと思うんです。

それともう一つは、交渉イコール身代金ではありません。身代金というのは一つの条件だけど、もっといろんな条件がある。だから、「金は出しません」と日本政府が言うのが政府の立場だとしても、それは「交渉はしません」とイコールではない。

安田　私の件では、外務省は「交渉しているけど、乗ってこない」という言い方を家族にはしていたらしいですけど、交渉していたら、相手が自分をほんとうに捕まえているかどうか、生きているかどうかを確認しなくちゃいけない。でも、そのための生存証明を取っていない以上、どのレベルの交渉だったのか非常に疑わしいと思っています。他の国の人質は解放までに何度も生存証明を取られている。生存証明なしで交渉するとか、金を払うとかはあり得ないです。

考えられるのは、拘束者側に対して、シリア難民への支援を解放条件として受け入れるように求めた可能性です。シリア難民支援で日本政府がシリアの周辺国に資金を出すことはもともと決まっていたし、「テロリストとは交渉しない」という国際公約を破ることにはならない。交換条件ではないから、その交渉相手が実は私を捕まえていない偽者でも、実は私がすでに殺されていても、難民支援をすることは変わらない。だから政府は生存証明を取っていない。しかし、もともと難民支援するわけだから相手にとっては何もないのと同じなので乗ってこなかった、ということかもしれないです。

■外務省は伝えるべき情報を握りつぶした

川上　安田さんが解放された後で、日本政府の国際テロ情報収集ユニットが動いていたという報道があったけれど、具体的にどう動いたかというのは何も出ていない。解放から半年以上経っているのだから、普通は何か情報が出てくるはずです。公式に出なくても、メディアの取材で。実際、新聞、テレビなんかは一生懸命それを探っている。それでも何も出ないということは、結局、やってないとしか思えないよね。

綿井　過去の例ですが、イラクでフランス人記者の人質が２００５年に解放されたんですけど、その人が記者会見で、「解放に至るいきさつは、フランス政府との取り決めによって公表できません」と言っていました。解放の経緯や身代金の話を公にしてしまうと、それに乗じて別のグループが同じようなことをやるからということでしょう。

川上　いや、そうじゃなくて、どこも表向きの取り決めではそうだろうけど、ある種のリークで「解放の裏側」みたいな報道が出てくるのです。スペインでもありました。「スペインの情報機関の国家情報センター（ＣＮＩ）が、カタールを通じてずっとヌスラ戦線と連絡をとっていた」とか。だから、日本でそういう報道が何も出てこないのは……。

綿井　「国際テロ情報収集ユニットが安田さんの解放に関与した」という報道はＮＨＫの政治部官邸担当記者の記事で、ウェブにだけ出ています（ＮＨＫ政治マガジン／２０１８年11月21日付）。そこでは同ユニットの室長がインタビューに答えていて、ユニットの概要や人員などのほかに、「過去に人質解放の交渉を行ったことがあるイタリア、ドイツ、スペイン、アメリカなどから情報収集を行い、どうすれば解放に近づけることができるかも検討を重ねた」「シリアで自国民が誘拐された経験を持つ国を回って、当時の交渉状況について聞いた」などと語っているのですが、彼らが安田さんの解放交渉にどのように具体的な「関与」「働きかけ」をしたのかは不明です。

これはいかにも「NHK政治部らしい」というか、日本政府を持ち上げる“提灯《ちょうちん》”記事で驚いたんですけど、これ以外には、安田さんの解放に至る経過や内幕のリーク記事が、現時点では何も出てきていません。その一方で、安倍首相は「犯罪対策閣僚会議」の場で、「国際テロ情報収集ユニットによる政府一丸となった取組は、シリアで拘束されていた安田純平氏の解放という大きな成果につながりました」と、あたかも自分たちが解放を導いたかのような自慢話だけはする（2018年12月21日）。また、安田さんの解放交渉を把握していたトルコのイスラム人道支援団体も、その後、何も情報を出さなくなりましたね。

安田　その団体は、トルコの情報機関から口止めされているようです。

解放するにあたって、拘束者がトルコ側に「見逃してくれ」という話をしていた可能性があります。「引き渡しの段階で、何も見返りを取らないで返すから、自分たちのことも領内で見逃せ」という話をしていた可能性です。

川上　安田さんが解放される前の2018年9月に、シリアによるイドリブへの総攻撃を食い止めるために、トルコとロシアが合意して非武装地帯をつくる動きが進んでいました。その一環で、「反体制勢力が、拘束している捕虜や人質を解放する」という動きがあるという情報もあったんです。安田さんの解放交渉もその一部だと、私は考えています。実際の交渉はトルコの情報機関がやっているんだろうけれども、その中で、「反体制勢力を支援してきたカタールが、解放のために金を払う」というような話が出てきたのではないでしょうか。

安田　カタールがやるにせよ、払うんだったら、生きていることを確認しないといけないですから、生存証明を取るとか、そのための手続きをちゃんと踏んでいるはずです。カタールが仲介してヌスラから解放されたアメリカ人のケースもスペイン人のケースもそうでした。

トルコの支援団体は2018年9月に、「無償解放の話が進んでいる」という話をしてきたのです。それで家族の承諾が欲しいということで外務省に「家族を紹介してほしい」と頼んだわけです。そうしたら、外務省は握りつぶしたんです。家族にその話をせず、支援団体にも家族を紹介しなかった。別ルートでそのことを知った家族が支援団体に承諾し、外務省に「何で言わなかったのか」と聞いたら、「はっきりしない話だから言わなかった」と。

川上　私たち「危険地報道の会」が、現地調査によって、「安田さんが1カ月以内に解放される可能性がある」という情報を得たのは9月下旬です。外務省は、その時期に米国と関係が悪化していたトルコが動いて邦人が解放されることを避けたかったのかもしれませんね。

安田　はっきりしない話というなら、そんな話はいっぱいある。「捕まっている状況はこうですよ」という話とか、実際とは全然違っていた。そういう話は家族に伝えていたのに、肝心な話は止めちゃうという……。

川上　とにかく外務省は、トルコが動いて解放されるのを嫌がったのだと思う。

安田　そういうことがあって、支援団体の人も、その後、しゃべらなくなっちゃったんですよね。

■企業メディアが危険地取材に責任を負わない

石丸　今後の課題について話をしませんか。

これまで、安田さんの件を含めて、危険地取材の課題について私たちは多くのことを議論してきましたが、いくつか明白になったと思うんです。一つは、ジャーナリストが拘束されたら、政府に対して「邦人保護」を断固として求めていかなければならないということ。そのためには社会への働きかけ、世論づくりが必要であること。二つ目が、ジャーナリストが拘束されたとき、家族への対応をどうするかということ。それから三つ目が、メディア。

川上　メディアの対応には大きな問題がありましたね。

石丸　フリーであれメディア所属であれ、ジャーナリストにまったくと言っていいほど横の連携がなくて、個々バラバラという現実も痛感しました。中心になって動ける組織・団体が日本にはまったくない。ジャーナリズムの問題なのに、メディアはまるで他人事《ひとごと》のようで自覚が薄いこともわかった。メディアの労働組合も動かない。我々フリーランスの記者が踏ん張ってやらなきゃいけないのだけれど、メディアにも行動してもらわなければならない。また、学者や法曹界に受け皿的な集まりがあれば、力を合わせて補い合えるのではないかと感じました。民主主義と報道の自由にかかわる問題ですから。

高橋　組織ジャーナリズムはどうなんだ、という話で言うと、安田さんの拘束とは事情が異なりますが、私がかつて勤めた毎日新聞では、アンマン事件を教訓に、整備が進められました。（2003年5月1日、ヨルダンの首都アンマンの国際空港手荷物検査場で、クラスター爆弾の子爆弾の不発弾が爆発、空港治安当局の職員1人が死亡、5人がけがをした。この不発弾は、イラク戦争取材から帰国途中の毎日新聞写真部記者が戦場で拾い、「記念として」持ち帰ろうとしたものだった。ヨルダン当局は同記者を拘束、記者は過失致死罪などで実刑判決を受けたが、その後、国王の特赦で釈放）

先日、そのとき対応にあたった毎日新聞元幹部に大学に講演に来てもらい、学生に話をしてもらったのですが、その元幹部は「戦地に記者を派遣するときの教育が不十分だった」と反省していました。僕自身も、カイロ特派員時代、イラクのバグダッドへたびたび入っていたころの自分の反省を含めて言えば、武器に対する知識とか、どんなふうにコーディネーターを選ぶかとか、通訳をどういう基準で選ぶかとか、そういうことを、先輩からの引き継ぎ程度でしか聞いていなかった。それで、毎日新聞はアンマン事件の後、イギリスの危機管理会社で研修を受けた特派員が伝授したり、危機管理会社の専門家を招いたりして、戦地に行く可能性のある記者向けに実践的な「戦場・紛争地研修」を始めました。また、「優秀な助手を選ぶ」「武器を持たない」など紛争地での取材ガイドラインを作成し、歴代特派員の具体的経験も盛り込んだ「取材ハンドブック」としてまとめ、共有しています。川上さんが勤めていた朝日新聞では同様の研修はありますか。

川上　特にイラク戦争以降の取材では、紛争地に入る人間は、英国の危機管理会社「AKE」で紛争地取材の安全対策についてトレーニングを受けることになっています。

綿井　イラク戦争の直前は、日本のいくつかのメディアが合同で、その「AKE」の研修を受けたと聞いています。僕も以前にイラクで雇ったことがありますが、「AKE」は特にメディアの護衛として有名で信頼性が高く、危機管理コンサルタントのような会社ですね。実は後藤さんも、そういう危機管理のトレーニングを、英国の組織に自費で行って受けていたと聞きます。ただ思うのですが、そうした危機管理対策は従軍取材のような形では有効かもしれませんが、現在のシリア内戦のような取材では、あまり効果はないという気もします。取材における基本的な安全対策講座のようなものは、過去何度か自分たちでやりましたが。

高橋　そういうことを、組織ジャーナリストだけでなく、フリーランスも含めて、できたらいいのではないか。それから、先ほど紹介していただいた「アジアプレス」の取り決めや、毎日新聞の「戦地・紛争地取材ガイドライン」などを、可能な限りオープンに出して、それをたたき台に、もっといいものに改善していく。それをフリーランスであろうと組織ジャーナリストであろうと、戦地に行くジャーナリストたちの共有財産にしていくスタートにできないでしょうか。「救出しない」とか「家族は遺体の搬送を求めない」とか、大手の組織メディアではあり得ないことだと思うんですけれど、共有できるところはあるような気がするんです。

川上　ただし、組織メディアの記者はフリーランスとは異なり、業務命令で行くわけです。個人で勝手に行くということはない。紛争取材を発意するのは多くの場合、記者個人ですが、それを新聞社として会社が承認すれば、業務命令ということになる。

綿井　しかも、新聞やテレビの場合は、戦争保険に基本的に入るでしょう。フリーランスは、その保険の掛け金が金額的に無理です。参考までに、日本の保険会社には「戦争保険」はありますが、「誘拐保険」は扱えません。誘拐犯罪を誘発する恐れがあるとして、

1978年以降は禁止されました。ただし、海外の保険会社を通じて誘拐保険に加入することは可能です。

石丸 「アジアプレス」の取り決めはベストでも何でもないんだけど、今の環境の中ではこれくらいしかできないということです。ほんとうは保険も掛けて行きたいけれど、その額を考えると、そもそも取材に行けなくなる。だから、メンバー個人の判断と責任で取材に行く。「アジアプレス」としては、できる限りのサポートはやります、というところまでの約束です。事故があってこちら側に損害賠償請求が来たりしたら、どうにも対応できない。

綿井 「アジアプレス」でも、90年代後半まではプレスカードを結構出していたんです。フリーランスの人にも取材に出向く際には簡単に出していましたけど、2004年のイラク日本人人質事件前後ぐらいから、さすがに止めました。

川上 「イスラム国」の暴力の犠牲になった少数派のヤズディ教徒を取材しているフォトジャーナリストの林典子さんによると、イラクで取材をするときに現地で必要になる、メディアからのレターや取材申請書は、所属しているイギリスのフォト・エージェンシーが作成してくれて、「彼女はエージェンシーに所属する写真家です。何かありましたら、こちらに連絡をしていただければと思います」という文章を入れて送ってくれるということでした。一方で、日本のメディア、大手の新聞やテレビはきちんとした取材申請の文書を出さない、という話も聞きます。

綿井　ＮＨＫが今そうです。特に、外務省から渡航自粛勧告が出ているような紛争・戦争地域は番組の企画書自体が基本的に通らない。受け付けないんですね。それで、こちらが取材を終えた後に「映像素材だけを購入します」という形で番組化するケースが通例です。民放の場合でも、フリーランスが提案する紛争・戦争地域の企画が事前に通ることは、まったくないわけではないですが、稀《まれ》です。取材中に事件や事故が起きたときの責任問題というのは、日本の会社システムの構造問題でしょう。そこは欧米メディアとは大きく異なります。

川上　企業メディアが、フリーランスの危険地取材にちゃんと責任を負わない。だから、もう日本では危険地報道なんかできませんよ、みたいな話になるわけで。

綿井　２００４年にイラクで日本人人質事件が起きた後、私も会員の「ＪＶＪＡ（日本ビジュアル・ジャーナリスト協会)」は、万が一拘束されたときのために、救出や救援にかかる費用を最初にプールしました。会員1人につき10万円。当時の会員は10人だから100万円のプールがあって、会員がどこかで取材中に事故に遭ったら、それを救援費用に充てるというシステムをつくったのです。幸いにも、これまではそれを使うことはなかったですけど、「拘束や誘拐事件が起きたときは、このプール金で対応します」というようなジャーナリスト対応の支援基金はできないものでしょうか。

■「ローリー・ペック・トラスト」に学びたい

川上　私たち「危険地報道の会」が安田さんの事件について、世話人でお金を出し合って現地で情報収集してみようと思ったのも、メディアの情報だけでは何が本当で何が嘘なのかわからないから、安田さんのコーディネーターとか、安田さんの動画や画像を公開していた現地のシリア人ジャーナリストTに直接、話を聞いてみようということだったんですね。コーディネーターからは、安田さんがシリア入りした経緯を聞くことができました。

また、先ほど述べたように、Tは拘束組織の「仲介人」を名乗る人物から連絡を受けて動いていたので、どのような人物が安田さんの件で動いているかはわかりました。

そのような現地調査をしている中で、安田さんが解放される1カ月前の2018年9月に、ある信頼できる筋から「今、交渉が進んでいる。1カ月以内に解放されるはずだ」という情報が入って来ました。最初は半信半疑だったのですが、かなり具体性があったので、安田さんが解放される可能性も視野に入れて、会として動くことになりました。結果的にその情報は正しかったわけです。その意味では、会として情報収集したことは決して無駄ではなかったと思う。

綿井 それをもっと早くやってもよかったのではないでしょうか。特に、安田さんに関する動きが途絶えた、2016年から17年ぐらいの時期に何かできなかったのか。

川上 そういう意味では、報道目的ではなく情報を集める、当事者に当たってみる、という活動をきちんとやる必要があると思います。それは、家族に必要な情報を提供するうえでも役に立つでしょう。人質の命にかかわる事件では、本当かどうかわからない情報が報道合戦となって飛び交ってしまうのはちょっと危ういな、と思います。

安田　ただ、発表するためではなく現地に行って情報収集するといっても、そのための資金回収をしなくてはならないから、結局、雑誌なり何なりで「報道」するしかないという話になってしまいます。

綿井　イギリスに「ローリー・ペック・トラスト」という、1995年に創設された、紛争・戦争取材をするフリーランスを支援する団体があります。米国生まれのジャーナリスト、ローリー・ペック氏の名前が由来で、ペック氏はソ連崩壊後の1993年に起きた「モスクワ騒乱」を取材中に砲火を浴びて亡くなりました。この「トラスト」では、ペック氏のように取材中にジャーナリストが死亡した場合は遺族のフォローや資金援助をするし、事前のトレーニングや安全対策研修もやっている。かつ、毎年一回、すぐれた戦争・紛争地報道に対して表彰している。マスメディアも出資し、英国ソニーなどの企業もスポンサーになっています。家族対応システムやトレーニングも含めて、非常に参考になると思いますね。

この「ローリー・ペック・トラスト」はぜひ訪ねてみたい。こうした団体の日本版のような形はつくれないかと思います。また、「ローリー・ペック・トラスト」の人を日本に招いて、シンポジウムやメディア向けの研修をやりたいとも考えています。

安田 ぜひ呼びたいですね。費用はどのぐらいかかるんだろう。

綿井 それはもう、クラウドファンディングで何とかなるでしょう。

■渡航を制限したいのが政府や外務省の本音

川上 「政府の介入を求めない」という姿勢については、どうでしょう。冒頭で話があったけれど、安田さんが拘束された当初から、「政府に介入を求めない、関与させない」という意見がジャーナリストの中にありました。でも僕は、邦人保護の義務があるのだから、政府は当然かかわるべきだと思っています。そこは、意見がまったく食い違うところですが。

綿井 「政府の介入を求めない」という気持ち自体は、個人的にはわからなくもないですけどね。邦人保護はもちろん政府の基本義務ですけど、もし自分が拘束されたときに、日本政府や外務省に出てきてほしくないな、という思いは心のどこかにあります。

石丸　それはそうなんですが、川上さんがおっしゃったように、気持ちの問題として考えたって仕方がないわけで、「ジャーナリストに何かあったときにどうするのか」という話でしょう。政府には、当然、やるべきことをやってもらわなきゃいけない。

最近、中国に行くたびに、非常に緊張します。この5年ほどの間、日本人がスパイ容疑で逮捕・長期勾留される事例が相次いでいるからです。もし、僕が中国で拘束された場合どう対応するのか、「アジアプレス」の事務所のメンバーとは話し合ってから出発します。「×日間連絡がとれなかった場合は家族に連絡する、さらに○日間音信不通のままだったら、外務省に伝えて領事面会を要請する」とか。中国などの強権国家で拘束されたら、最終的には外交ルートしか救援の方法がありません。国民として、外務省に領事面会を要請する権利は当然あるわけです。また外務省にとっては、邦人保護は重要な仕事ですからやらなければならない。「政府に頼むのは格好悪いな」という気持ちは理解できるし、僕にもありますが、あらゆる場面で政府に介入させないというのは違うと思う。

川上　それは、「政府の意向に従わないジャーナリストは政府の保護の対象じゃない」という議論と同じです。おかしな話ですよね。紛争地の情報を日本に伝えるのはジャーナリストの仕事です。事故が起きれば、政府には保護する義務があるわけです。だから、政府の責任、国の責任を、やっぱりきちんと問わなきゃいけない。

綿井　安田さんが解放された後に、あるテレビ番組に出演したときに同じことを言ったんです。そうしたら、コメンテーターの方が、「あなたたちフリージャーナリストは、『何かあったら日本政府に助けてもらいたい』というつもりで、そんな取材に行っているのか！」と怒っていました。「いや、そんなつもりで行っていませんけど」と言いましたけど、なかなか理解されないでしょうね。

安田　一般論で述べているのに、個人の話にされてしまうんですよ。原則論として「政府が動くべきだ」と言っていても、現実としてはそうなっていないわけで、実際にはその現実に対応するつもりで現場に行っているわけです。

土井　それと、こういう事件が、いわゆる「危険地報道は必要ない」という社会の空気を生み出し、政府がジャーナリストのパスポートを没収したり制限を加えたりする口実にされることに警戒しなければいけませんね。

綿井　外務省OB・OGの親睦団体である「一般社団法人 霞関会《かすみがせきかい》」のウェブサイトに、

2015年6月1日付で、当時の領事局長が「邦人保護と渡航の自由」というタイトルのコラムを寄稿しています。そこには、「邦人の危険地域への渡航をいかに抑制するか、という観点からは、旅券の返納命令も、注意喚起や要請と並んで重要な選択肢となり得ると考えています」とはっきり書かれている。同年1月の後藤さん・湯川さん殺害を受けて書かれたコラムですが、「G7のメンバー国で、自国民保護のための法的拘束力を有する渡航禁止措置をとっている国はありません」としつつ、「唯一、お隣の韓国では、自国民保護のため、旅券法による制限があり、2015年3月時点で6カ国（イラク、ソマリア、アフガニスタン、シリア、イエメン、リビア）への渡航が禁止され、禁固1年以下または1千万ウォン以下の罰金刑があることがわかりました」と韓国の事例を紹介するなど、邦人渡航をいかに抑制するかを説明している。このコラムは「筆者の個人的見解」となっていますが、邦人の危険地域への渡航をいかにして抑制するかという意識は、日本政府や外務省関係者の本音でしょうね。

安田　旅券法は、外務大臣の裁量によって旅券の発給が決まるという内容になっているから、それを盾にしようということですね。

杉本さんは、旅券法第十九条一項「外務大臣又は領事官は、次に掲げる場合において、旅券を返納させる必要があると認めるときは、旅券の名義人に対して、期限を付けて、旅券の返納を命ずることができる」のうちの、四号「旅券の名義人の生命、身体又は財産の保護のために渡航を中止させる必要があると認められる場合」に該当するとして返納させられました。東京地方裁判所は「我が国の憲法がいかなる場合にも国民の生命・身体よりその報道及び取材の自由を優先して保護すべきものとしているものとは解されない」と言っています。その後最高裁で、杉本さんの訴えは、棄却されました。

常岡さんの場合は、イエメン取材のためにオマーンに飛んだら、ビザがあるのに入国拒否され、十三条一項一号「渡航先に施行されている法規によりその国に入ることを認められない者」になったために、十九条一項二号「一般旅券の名義人が、当該一般旅券の交付の後に、第十三条第一項各号のいずれかに該当するに至った場合」に該当する、として返納命令が出ています。しかし返納命令が出たのは、オマーンに入れなくていったん帰国してから今度はスーダンに向かおうとした際なのに、渡航先ではないオマーンからの入国拒否を理由にしています。こんな運用が許されるのかと驚きました。

綿井　この先、私が非常に恐れているのは、旅券法の改正法案が出されるかもしれないことです。現行の十三条をもっと厳しくして、日本政府が渡航自粛勧告を出している国への渡航を制限するような文面の法律です。

安田　だけど、それをほんとうにやろうとすると、憲法に抵触するでしょう。そもそも旅券法は昭和26年につくられたもので、海外渡航自体がほとんどできなかった時代だからああいう条項が通ったんでしょうけど、今からさらに制限をつけるのは無理じゃないですかね。

綿井　そうすると、結局、今の法律の「解釈」で既成事実を積み重ねていき、過去の判例も盾に取って、実質的な渡航制限を行うことがこれからも起こるかもしれない。いや、すでに起きているというべきか。

安田　私のケースについて述べると、シリアで旅券を没収されたままになっていたので2019年1月に新しい旅券の発給を申請したのですが、半年間も「審査中」と言われたあげく、「発給しない」と通知されました。

申請した際に窓口で「帰国の際にトルコから強制退去にされ、入国拒否になっているので、旅券法第十三条一項一号に該当する可能性があるから審査が必要」と言われました。トルコでは「処罰はない」と言われていたので強制退去や入国拒否については初めて知ったのですが、トルコではなく、インドや欧州、カナダに家族旅行に行くという申請をしたのに「審査中」が続いていました。一項一号をどう読んでも、どこかの国が入国拒否だからといって、世界中どこにも行ってはいけないというのは無理がある解釈だと思います。

外務省からは、2012年にシリアを取材した際にレバノンから密入国したことについて聞かれました。申告した渡航先にトルコは入っていませんが、第三国から密入国する疑いをかけているのかもしれません。ほかに現地入りの方法がなく、世界中のジャーナリストが行っていた一般的な取材手法を過去に用いたことを理由に、予防的に「出国禁止の刑」にされたことになります。これでは紛争地取材自体を規制することになりかねません。

これを「当然」と考える人たちがいるのですが、その根拠は「政府に迷惑をかけたから」です。しかし、その「迷惑」がどのようなもので、どの程度だったのか、具体的なものはまったく明らかになっていません。「身代金が払われた可能性」という報道がありましたが、先ほども述べたように、その根拠になったシリア人NGOの情報などにはデマがいくつも含まれていて、信憑性がかなり疑わしい。解放の経緯を考えると身代金が払われたとは思えませんが、一度流れた話はなかなか覆りません。根拠不明の報道をすることで、自由を制限する方向に利用されてしまうことを認識してほしいです。

■情報が必要だということを、認識しない国になってしまった

川上　私が新聞社の記者として、危険地指定されたり、退避勧告が出されたりする場所に取材で入ると、外務省や大使館からどんどん電話がかかってくるわけです。「いつ（国外へ）出ますか」とか。それだって、ある種、政府からの報道に対する干渉じゃないですか。ただ、それはおかしいと言ったときに、世論が支えてくれるかですよね。「ジャーナリストは、捕まったら国に迷惑をかけるかもしれないのに勝手に危険地に行っている」という世論も現実にあるわけで、それにどう対していくかという議論が弱い。

土井　弱いね。

川上　だから、そこをどう変えていくかということがないと。例えば「報道の自由への干

渉は憲法違反だ」という主張だけではなかなか変わらないのではないか。要するに、政府側は具体例で来るわけじゃないですか。「こういう具体的な危険があるのに」という。それに対して、ジャーナリストが「憲法違反だ」と言っても噛《か》み合わない議論になってしまう。やっぱり僕らのほうからも、危険地に入ることには具体的にどういう意味があるのか、ということを発信しないといけない。入らないと見えないことがある、あるいは、入ることによってわかることがあるとか、きちんと言っていかないと議論にならないと思うんですよね。

安田　杉本さんの裁判の判決は、「報道することの意味はあるけれども、危ないからだめだ」という内容でした。危ないという根拠は、「外務省が危ないと言っている」から。

綿井　報道の自由は尊重するけれども、今回の場合に関しては、危ないから限定的に渡航制限を認めるという法解釈ですね。でも、その「限定的に」がこれから乱発されるかもしれない。

川上　僕が言ったのは「原則論として、取材することには意味がある」という話です。メディアだって、危険を冒すことによってどれだけの貴重な事実を知ることができるかを費用対効果で勘案するわけですね。そして、危険を冒すだけの社会的なメリットがあると判断して行く。その際に、現地に行かねばならないという原則で議論をすべきだと思うわけです。

僕がまだ朝日新聞にいた2006年ですが、自衛隊がサマワから撤退した後、「自衛隊がサマワで何を残したか見なくてはいけない」と提起した。当時はイラクには全然入れない状況だったけど、そのときに社内で編集局長まで入れて議論したわけです。そこで、「重要なことだから、必要な安全対策を講じて現地入りするべきだ」と新聞社が認めたので現地入りすることができたのですが、そういうことってあると思うんですね。危険だけど、それによって知らせなきゃいけないことがある。紛争、戦争の危険な実態や、何が本当なのかを知らせなきゃいけない。そういう訴えが必要だと思う。

土井　そこはとても深刻な問題だと思います。高橋さんが言った学生の反応とか、テレビの街頭インタビューの反応です。つまり、「ジャーナリストがそんな危険を冒してまで取材する遠い紛争地の情報まで、私たちは求めてはいません」「外国の通信社が伝えるニュースで十分」という声が少なくない。そういう社会の空気に、私たちがどう対応していくべきでしょうか。
それと、今、川上さんがおっしゃった、「情報が重要なんだ」ということ。新聞社の中では重要と判断されても、例えば外務省が「そんな情報は危険度と比べると必要ありません」となったら動きがとれなくなる。

川上　外務省は、「報道する意味があるかもしれないけど、危険だからやめてください」とは、ほんとうは言えないはずです。報道する意味があると新聞社なりメディアなりが判断したら、安全対策をとって報道しますよ。退避勧告が出ているから行くな、と言っていたら、紛争地取材はまったくできなくなります。ジャーナリズムの役割として報道する方法を探るしかないでしょう。メディアやジャーナリストが外務省の海外安全情報を守って危険な場所では取材しなくなったら、日本人は世界にどんな危険があるかわからなくなります。

安田　結局、情報が必要だということを、ほとんど認識しない国になってしまっている感じですね。報道がどうとかいうレベルじゃなくて。そこが一番の問題だと思います。だから、現場に行こうとするＮＧＯとかもやられているじゃないですか。同じＮＧＯの中でもいろいろな国のメンバーが行っている場所なのに、安倍政権以降、日本人にはビザが出ないようになっている。

綿井　最近、海外で支援活動をするＮＧＯに対して、活動エリアの締め付けが厳しくなっていますね。「退避勧告が出ている地域での活動はだめです」と外務省や日本大使館から盛んに言ってくる。特に、政府から資金援助を受けている団体はそれを気にしています。ＮＧＯの側も非常に動きにくいようですね。

川上　前から日本はそういう感じがあって、１９９４年にイエメンの北と南で内戦があったとき、僕は最初に前線へ入ったんです。北のホテルに外国メディアも全部集まって、そこから前線ツアーに出る。ツアーが終わると、前線から帰ってきた自国のジャーナリストを囲んで、各国大使館の外交官たちが取材していました。前線に行く途中の様子とか、「何を見てきたか」とか、大使館員ではわからない情報があるから。でも、日本の大使館を訪ねても、「早く日本に帰ってくれ。まさか前線なんか行かないでしょうね」みたいな感じで、メディアから情報をとって本国に送ろう、というような考えは一切ない。

日本政府に、現地の情報を必要とする認識がものすごく低いですよね。今のような時代だからこそ、いろんな情報を集めて分析しなくてはいけないはずなのに、NGOの情報もメディアの情報も、現地で動いている人間の情報もいらない、というような空気が政府や官僚に蔓延《まんえん》している。それがいかに危ういことか、国民は知らないわけじゃないですか。

高橋　日本政府の本音は何なんでしょうか。そういう空気を蔓延させている本音は。

川上　私は新聞社で20年間、中東専門記者として、中東で、外交官や政府関係者が行くことができないところにいろいろな取材に行きましたが、現地の日本大使館員に「詳しい話を聞かせてほしい」と言われたことは一度しかないです。日本の大使館が現地の事情を知らないし、政府自体も知らないからでしょう。

高橋　だけど、外交をやるときにさまざまな情報があったほうがいい、というのがまともな考え方じゃないですか。

綿井　でも、今は政治家が中国と交渉をしただけで「土下座外交」とか言われるし、韓国に対して融和的なことを言っただけで袋叩きにされるような状況でしょう。外交をやるうえでの多様な情報収集や現地とのパイプ構築に、世論が何の理解も示さない。

川上　だから、「現地情報を広く集めることには意味がある」ということと、「政府は現地情報を知ろうとしていない」ということを、あらためて国民に知らせる必要がある。そのうえで、メディアやジャーナリストには、「取材を通して情報を知らせるという大きな役割、価値」があるということを知ってもらうべきじゃないでしょうか。そうすることによって初めて、政府がメディアやフリーのジャーナリストの現地取材を抑えることは「国民の知る権利」の侵害になるのだ——ということが見えてくるでしょう。

■なぜ「遠くの場所の話を知ることは大事」なのか

川上　政府だけでなく、今の日本には「知らなくてもいい」という空気が蔓延しているような気がする。「不都合なことは知らなくてもいい」というか。そういう空気がある中で、わざわざ危険を冒してまで現地に行って、不都合なことを知らせるのが本来のメディアでありジャーナリストであるわけでしょう。

インターネットで表面的な情報はどこからでも入って来る時代でも、ジャーナリストが現地に行かないと見えないことがある。それをきちんと伝えるべきだと思うんですよね。

ジャーナリストがちゃんと歩いてインタビューして、映像を撮って、という部分で。この前、綿井さんが撮影した、「イスラム国」から解放されたモスルの街に行って人を訪ねるテレビ番組（読売テレビ「『イスラム国』が残したモノ」）があったじゃないですか。ああ、こうやって人を訪ねて話を聞くと「イスラム国」のことがわかるんだというね。だから、単にニュースとしての報道だけではなくて、ジャーナリストが自分で集めて伝えている部分を見せていかなきゃいけない。

インターネットで流れている海外情報のほとんどは、ジャーナリストが現地で取材したニュースを引用し、解説し、加工したものです。元になっている事実は、現地で取材したもので、それをブロガーとかが加工しているわけじゃないですか。そういう意味では、インターネットの情報社会を引っ張っているのも、結局は現地に行っている人からの生の情報ですよということを、もっと強調して伝えていく。それによって、現地に行かなきゃわからないんだ、ということが伝わるんじゃないでしょうか。

土井　ただ川上さん、そんな空気は一朝一夕に変わるものだろうか。

川上　それは、「自分はこういうことを知らなかった」ということがわかれば、少しずつ変わってくるんじゃないですか。高橋さんの大学での授業でも、いろいろとコミュニケートしていけば、徐々に変わってくるわけでしょう。

高橋 それは一朝一夕に変わらないですよね。だけど、やり続けるしかないですね。

安田 今、講演などをやらせてもらっていますが、「遠くの場所の話を知ることは大事である」という話もするようにしています。今のシリアやイラクの混乱の大きな要因は、イラク戦争です。日本が深くかかわった戦争ですから、それによって何を引き起こしたのかを日本人は知らなければならない。

「遠くのことだからどうでもいい」というのは自分が直接影響を受けないからですが、それを言っていたら、例えば東日本大震災だって、被災地以外にいる人は「遠いからどうでもいい」になっていきます。隣近所で何かあっても、自分に直接影響がなければ「どうでもいい」ということになっていく。そうなると、自分に何かあったときにも、ほかの人から「どうでもいい」と言われるようになります。それでは社会が崩壊して、生きていくのも大変なことになっていきますよ、といった話をしています。

遠くの出来事であっても、実際はいろいろな形で日本に影響が出るわけで、関係ないわけがないのです。でも「遠い」と感じた時点でそれ以上は関心を持たなくなってしまいますから、そうならないよう、その関係性をきっちりと語っていく必要があると思っています。

綿井　安田さんは、解放後の各地での講演では質疑応答でどんなことを聞かれますか。

安田　何でそういうところに行くんですか、という話は出ますね。そこで一般論の話もしますけど、自分がどうなんだ、という話をしなくちゃいけない。

土井　どういう答えをします？

安田　自分がどうかというのは、「好きだから」としか言いようがないです。世の中にはいろんな問題があるわけで、その中でどれを選ぶかというのは、その人の興味で選ぶしかない。だから、基本的にはやりたいからやっている。でも、現場に行っていろいろなことを見てくれれば、それはちゃんと持ち帰って、ちゃんと伝えないと申し訳ない、という義務感が生まれます。

「伝えなくてはいけないから、行く」というのは順序が違うように思いますね。取材する前に伝えたいものがすでにあるというのはおかしな話で。取材に行って事実を知るから伝えたいのであって。
高橋　見た人の責任みたいなものですか。
安田　そうですね。あと同時に、記者という仕事をしている以上は、報道されていることが本当なのかどうかということを確認したい。それだって、どの報道を選ぶかは自分の興味で決まるわけですが。

それから、先日、長崎県の島原市で講演をしました。普賢岳《ふげんだけ》の噴火で被災したところですね。しかも、東日本大震災が起こった3月11日でした。そこで、島原にしろ東北にしろ、被災したときは、国内のみならず、世界中からいろんな援助が届いた。それは、「日本でこういうことが起きている」ということが世界に伝わったから届いたわけです。だから、自分たちのことを知ってもらい、一方で、自分たちも他国のことを知ることによって、お互いに助け合っていくのが社会じゃないでしょうか、という話をしました。
川上　ジャーナリストは、まず自分の好奇心で動くということはそのとおりだと思いますが、同時に、取材して伝えるテクニックを持っているわけだから、「自分はこれをやらなきゃいけない」という意識で動くこともあっていいと思うんです。

安田　誰も報道していない、誰もこういう視点でやっていないと思ったら、「俺がやらなきゃ」と思います。

川上　僕が中東をずっとやっているのは、要するに、戦争のことは日本では見られないからですね。僕の母親は10代のころに長崎県佐世保市の空襲のもとで逃げ回った経験を語っていたけれども、もう70年以上、日本ではそういうことはない。そうすると、戦争下で市民がどういうふうな状況に置かれるかを知るためには、戦争をやっているところに行くしかないわけですね。だから、中東の戦争下で市民が犠牲になることについて、パレスチナであれイラクであれ、危険を冒してでも伝えなきゃいけないと思う。それは好奇心というよりも、やっぱり自分がジャーナリストだからという意識です。

自分が「これを知りたい」と思って行くこともあるだろうし、ある種の使命感としてやることも、両方あっていいと思います。

土井　ジャーナリストが現場へ行く動機は、「好奇心」であろうと、「業務命令」であろうと、いろんな理由があっていいと思います。どんな動機であっても、いったん現場に立ち、その酷い現状を目の当たりにしたら、伝える手段を持った者なら「これを伝えずにおくものか！」と思うはずです。だから、動機が業務命令であろうと好奇心であろうと、そこはあまり重要なことではないような気がします。むしろ現場に立つことの重要性、現場で目撃することで沸き起こってくる〝怒り〟、それを〝使命感〟と呼んでもいいかもしれない。その〝怒り〟こそが大事だと私は思います。

安田　ジャーナリストといっても最初から伝えるテクニックやスキルを持っているわけじゃないので、最初のスタートは、やっぱり「知りたいから」「行きたいから」だと思うんです。いろんな人が行きたいところに行って、やりたいことをやって、その結果、いろんなことがカバーできて、多様な情報を知ることができるし、誰も知らなかったことを見つけることができるわけです。だから、自分がやりたいことをやれるということと、それを周りが「しようがない人だね」と思いながらも互いに見守れるような社会が、結果として、いろんなことを知ることができ、新しいものを生み出せる真っ当な社会になる。それが、ほんとうの意味で強い社会だと思います。

紛争地などで長期にわたって拘束されるという事態に対し、家族や周囲がどう対応すべきか、家族にどう接するべきか、社会としてどう理解し、扱うべきか、日本では本格的に検討されてきませんでした。後藤さんや湯川さんのように日本人が殺害されてしまう事件が続き、何が問題だったか、どうすればよかったのか、検証の手がかりもあまりなく、放心状態のまま時が過ぎてしまっていたように思います。

危険地の現場を取材することの意義は本書でも多くの執筆者が触れており、言を俟《ま》ちません。具体的に実行するにあたって、今回の私や家族が経験したものが役に立ち、危険地においてよい仕事をする人が増えていってくれたらありがたいです。

（２０１９年３月17日の座談会に加筆）

第3章　外国人記者が見た「安田純平さん拘束事件」

フィリップ・メスメール（「ル・モンド」東京特派員）

本章は、危険地報道報告会（２０１９年２月１日）でのフィリップ・メスメール記者の基調発言「フランス人記者が見た安田純平さん拘束事件」の日本語訳採録と、それに先だって行われた「危険地報道の会」世話人による事前インタビューとを合わせて、綿井健陽が構成した。

■「自己責任論」の背景

安田純平さんの拘束事件について私が思うこと、そして、フランスと日本でのジャーナリストやメディア、危険地報道に対する意識の違いといったことを中心にお話ししたいと思います。

まず、今回も日本では「自己責任」という言葉が盛んに使われましたが、この言葉について触れたいと思います。「自己責任論」があるがゆえに、安田さんに対してバッシングが起きたと言えますが、このようなバッシングが起きたことに対して、私自身は驚きませんでした。ある意味、「あの時と同じようなことが起きるだろう」という気持ちがあったからです。

「あの時」とは、２００４年です。02年から私は日本に住んでいますが、当時、イラクで日本人３人の拘束・人質事件が起きたことを、皆さんも覚えていらっしゃるでしょう。あの時に「自己責任」なる言葉を聞いたのですが、初めての経験だったものですから、当時は非常に驚きました。そして、この「自己責任論」とは、日本社会の中でどういった経緯や意識から出てきた言葉なのか、調べたい、理解したいという気持ちが湧きました。

ただ、当時の状況は、今とかなり違います。

まず政治的背景です。04年当時は、小泉純一郎政権でした。当時の政権や与党政治家は、この「自己責任論」に国民の目を向けさせて、イラク自衛隊派遣から人々の目をそらせようとした。政府や政治の側が仕掛けた「自己責任論バッシング」だったという点が大きかったと思います。

「自己責任」という言葉自体については、私の口からあえて説明しなくても、皆さんのほうが十分おわかりかと存じます。ここでお話ししたいのは、その「自己責任」という言葉から発生したバッシングのほうですね。このバッシングの理由について、いくつかの視点があるかと思います。

まず日本社会には、基本的な前提として、「ルールに違反したり、規則を破ったりするのはダメ」「習慣となっていることを侵すのはよくない」「調和を乱すのは悪いことだ」という暗黙の合意のような意識があるように思います。ですから、その調和（ハーモニー）を乱すような行為をすると、レッテルを貼られて、疎外されるわけです。

例えば、日本で誰かが警察に逮捕されたとします。その時点では、法的にはまだ罪が確定していない、刑罰も科されていないような段階です。「推定無罪」という法的な原則もあるはずです。にもかかわらず、釈放されるまで、あるいは無罪が確定するまで、実際には、たとえ無罪が確定したとしても、逮捕された人やその家族は、日本のメディアや世間から、「犯罪者とその家族」としてハラスメントや被害を受ける。今回のケースも、日本のいわばムラ社会的な調和を、あたかも安田さんが乱したかのような扱いだったと思います。

そして二つ目は、日本社会の中東情勢への関心の低さですね。「複雑な問題を抱えている遠い場所に、何でわざわざ行くのか」「政府は行くなと言っているのに、なぜ危険を冒してまで行くのか」という認識です。確かに、複雑な問題だということは理解します。でも、複雑だから取材しなくてもいいのか、報道する必要はないのでしょうか。

また日本社会の最近の傾向を見ると、ヨーロッパやアメリカに比べて、高齢化社会も影響しているからでしょうか、「ソフトなナショナリズム」という現象が起きているように思います。ここで言う「ソフト」の指すところは、日本人の内向き志向とつながっているものです。ちなみに、1930年代から40年代の日本は、ハードなほう、つまり、帝国主義的なナショナリズムだったわけですが。

それに関連して、バブル経済が崩壊してもう30年近くになりますが、経済的不安定からもたらされる個人主義、自己中心主義、そして、SNSに氾濫する非常に暴力的な言葉などが蔓延しています。

こういった要素が、ジャーナリストをターゲットにしやすい状況を生み出している。日本では、特にフリーランスや独立系のジャーナリストたちです。どこにも属さない人というのはターゲットにしやすい。攻撃しやすい。つまり、ある意味で、社会の外れ者というか、属するところがないので、攻撃にさらされやすいわけです。

■解放されたジャーナリストを大統領が出迎える

ここで、フランスの状況について触れたいと思います。私がなぜ「自己責任」という言葉に非常に驚き、当惑したのか、フランスでの例を出してお話しします。

２０１４年のことになりますが、シリアで拘束されていた４人のフランス人ジャーナリストが解放されました。当時のフランスは、オランド大統領が空港で到着した彼らを出迎え、この様子はテレビでも生中継されました。つまり、彼らが戻ってきたことは、良いニュースとして扱われたわけですね。シリアに取材の仕事で入り、拘束されてしまったけれども、無事に戻ってこられた、という扱いでした。

これは、フランスでは特例ではありません。これまで何度も見た普通の光景です。１９８０年代にはレバノン内戦中にこういった人質事件が何度もあり、アフガニスタンでも、

2009年に拘束されたジャーナリストがいました。彼らが解放されて帰国した際も、同じような扱いでした。

私が鮮明に覚えているのは、自分が10代だった1980年代のことです。フランスのテレビ各局では午後8時がニュースを放送する時間帯ですが、公共放送の番組冒頭でキャスターが、「皆さんこんばんは。レバノンでジャーナリスト○○さんの誘拐が起きて、今日で○日目です」と、解放されるまで毎日繰り返し言っていました。現在でも、ジャーナリストの誘拐事件が起きると、ニュース番組の終わりに言うのが通例です。

そして、1988年のことになりますが、当時は、シラク首相が大統領候補でした。シラク首相は、レバノンで拘束されたジャーナリストを解放するために、手段を選ばず尽力しました。それは、彼が大統領になるための人気取りの手段でもあったわけですが、拘束されたジャーナリストの救出に政治家が奔走する、そして解放されたジャーナリストたちを政治家が手厚く出迎えるということは、それだけフランス社会に好印象を与える行為なのです。

また、こうした拘束・人質事件が起きたときに、フランス政府はメディアに対して、人質の安否や解放交渉に関する基本情報を公表するのが普通です。そして、メディアの側も、取材自体はもちろん進めるものの、すべての情報を報じるわけではなく、人質の安全を最大限に優先して、情報を慎重に扱う。政府とメディアの立場は違っても、自国民を無事に救出するという方向では一致していると言えます。

たとえば身代金についても、フランス政府は公式には認めませんが、過去の誘拐・人質事件では支払ったケースがあるとされています。しかし、それに対してフランス世論から非難の声が上がることはない。メディアの側も同じです。無事解放された後に、身代金支払いの有無やその是非を盛んに報道することもありません。「自国民が無事に解放されて生還することが最も大事なことである」というコンセンサスは、政府やメディアや市民の間で、つまりフランス社会の中で最低限共有されている認識だと思います。

もし、今「ル・モンド」の記者がシリアで誘拐・拘束されたら、フランスの新聞やテレビは救出キャンペーン報道を展開するでしょう。そして政府の側は、それがプレッシャーになって対応をするでしょう。その対応を誤ると、市民からの支持率は下がる。フランスだけに限らず、欧州では同じでしょう。したがって、誘拐事件が起きたときにメディアがどんな報道をするかは、社会にとって非常に重要なのです。

■ジャーナリストへの理解は、フランス革命以来の伝統的価値観

日本とフランスとの、この違いは何なのかを考えると、やはり、ジャーナリストやジャーナリズムのあり方だと思います。

日本では、言論の自由、出版の自由という権利を求めるムーブメントが社会の中から自発的に起きたことは、過去にほとんどなかった。つまり、何かを暴く調査をして、事実をあぶり出すというジャーナリストの仕事そのものが、日本社会にあまり歓迎されていない。支持を得ている仕事ではないように思えます。そして、言論の自由そのものが、学校で大事に教えられている概念ではないように思えます。

日本では、政治や社会の問題を議論したり、政府のやり方を国民が批判したりするような動きが弱く、日本のメディアが言論の自由のために戦うという姿勢が弱いと感じます。

フランスでは、国民が政治や社会問題を日常の場で議論したり、自分の意見を主張したり

することが常に求められ、それは学校の中でも同じです。そして、メディアやジャーナリズムは国民に判断の材料を提供するもの、という役割が認知されている。

それに対して、日本では学校の教育でも、政治を議論したり、自分の意見を主張したりすることを教えられていないのではないでしょうか。したがって、ジャーナリストの仕事や言論・出版の自由について、教科書的に触れられてはいても、それがどれだけ重要な価値を持つ権利や概念かという話になっていない。

フランスでは、フランス革命までさかのぼり、言論・出版の自由が非常に重要な価値の一つであることを、教育のパッケージの中で教えられます。18世紀に起きた啓蒙《けいもう》思想の運動とともに言論の自由という概念が誕生してから、市民の間でずっと支持されてきた権利なのです。ですから、ジャーナリストは、フランス革命においても、欠かせない役割を果たしました。そして、ジャーナリストの仕事は民主主義を実行するうえで欠かせないものであり、人権を守る盾である、といった理解があるわけです。一般の人たちに情報を与えるメディアの仕事とは、ある意味、公共的な仕事であるという見方もされています。

したがって、そもそもジャーナリストのイメージがフランスと日本では異なります。特に危険地帯へ取材に行く人たちは、ある意味、崇高な意思を持っていると見られているわけです。そして、実際にこういった危険地帯に赴いて、誰かが亡くなったということになれば、大々的に報道されます。それは単にジャーナリスト業界だけの連帯感ではなくて、一般のニュースとして社会的に取り上げられるのです。

そして、「こうした仕事に従事している人たちは、場合によっては拘束されることもあり得る」という認識が社会に浸透している。時には、取材中に亡くなってしまう、命を落とすという「殉職」もあり得ること、これもジャーナリストの仕事の一部だというコンセンサスがあります。そして、もし彼らが拘束された場合は、フランスでは、できる限りの手段で、何をしてでも、彼らが無事に生還できるように手を尽くすべきだという認識が、社会の側にあります。

私は、ここで大いなる矛盾を感じます。日本では、仕事をきちんと遂行するということが義務や責任としてとらえられていると思います。ところが、ジャーナリストに関しては、義務や責任としての仕事の内容を問われない。それどころか、自己責任論で「何もするな」と言われてしまう。これは矛盾ではないでしょうか。

フランスでは、世界各国で起きていることをフランス人ジャーナリストが現地に行って、フランス人の視点や問題意識から、フランス国民に伝えることが重要だと考えられています。たとえAP通信やロイター通信などの報道があっても、フランス人ジャーナリストが現地に行き、フランス語によって報道することを、フランス国民が必要としていることは間違いありません。

ですから、日本で今必要なのは、ジャーナリストの仕事の重要性、ジャーナリストが私たちにもたらしてくれる情報の価値を知らしめるということではないかと思います。

これは言うのは簡単ですが、実行するにはどうしたらいいか。本来、ジャーナリストの仕事や権利については、政府からもそれに対する一定の理解や主張があるべきですが、現政権にはそういったことは期待できそうもありません。

同時に、これはメディアの側の責任でもあります。テレビをつければ、天気、犯罪、スポーツのことばかり報道している。もちろん天気予報や犯罪報道というのは大事なことではありますが、もう少し、世界で起きていることを伝える必要があるのではないでしょうか。日本のジャーナリストたちには、優秀なすぐれた方がいらっしゃいますので、この人たちに、より取材や行動の自由が与えられたら、とてもいい仕事をされると思います。

もちろんフランス国内の状況を見ても、私は決して楽観的には思っていません。今は世界的に、強い力になびく傾向があると思います。人権や表現の自由が支持されない、ないがしろにされがちな傾向が、欧州でも（ポーランドやハンガリーは特に）、そして、トランプ大統領のアメリカでも見られます。ですから、どこの国でも懸念は十分にあります。でも、だからといって、ジャーナリストには、自分たち本来の仕事をしない、挑戦しないという選択肢はないと思います。私たちはジャーナリストなのですから。

ここから先は、皆さんからの質問をお受けしてお答えしたいと思います。

Q　フランスでもジャーナリストは困難な局面にあると思いますが、今、フランスで一番伝わりにくい事柄、ジャーナリストが緊張して向き合わなければいけないことは何でしょうか？

フィリップ　最近では、例えば大手ブランドに対して、批判的なことを書くというのは難しいですね。というのも、こういった企業は、新聞社のスポンサーでもある。しかも大口のスポンサーです。ですから、何かしら批判的な記事を書くとなると、新聞社や出版社を支える後ろ盾を失うリスクを抱えてしまうという局面に立たされるわけですね。

経済的にはメディアは弱い立場にあって、こういったスポンサーなしにはやっていけない。いわゆる大手企業や、特に大きな影響力を持つブランドです。ですから、経済的に脅かされるような事態に陥ることが、メディアとしては一番緊張すると言えますね。

それから、いまフランスで起きている「黄色いベスト運動」（2018年11月から始まったデモなどの抗議活動。低所得者への財政支援などを訴えている）では、デモ参加者からマスメディアに対しても激しい敵意が向けられています。政府とマスメディアは、いわば同じ権力者のような扱いです。メディアに向けられている視線が、年々厳しくなっていることはフランスも日本も同じでしょう。

Q　日本では、2015年の後藤健二さんらの人質・殺害事件後に、戦場の取材経験もあるフリーカメラマンがシリアに行こうとして、外務省にパスポートを没収されました。その後、彼には「シリアとイラクには入国できない」という渡航制限つきのパスポートが発行されました。彼は訴訟を起こしましたが、一審・二審も敗訴、最高裁でも確定しました。最高裁もそれが合憲であると認めたわけです。当時、彼が入ろうとしていたシリアの地域は、世界中から記者が集まっていました。それに対して日本では、たとえ経験のある記者であっても行ってはいけない。裁判所もそれを認めたということです。

フランスではこういうケースが起きたことはありますか？　また、フランス人で、海外で人質になって帰ってきた方に対して、その後、パスポートを発給しない、渡航制限をつけるといったケースはありますか。

フィリップ　それはフランスではないですね。フランス憲法で「自由に移動する権利」が保障されていますので、それを侵害することは違憲ということになります。

二つ目ですが、こういった危険地帯であっても、そこに赴くことがジャーナリストの仕事です。ですから、すでにそういった危険地帯に行った、あるいは人質になったという経験があるというだけで、「行ってはいけない」とフランス政府が言うことはありません。

Q　日本では、安田さんが解放された後に、「勝手に現地に行ったジャーナリストの救出に税金を使うのはおかしい」という議論が出ました。一部の市民から出てきた声ですけれども、それについてどのように考えますか？　またフランスでは、紛争地で人質になったり負傷したりした場合に、市民からはどのような意見がジャーナリストに対して向けられるものでしょうか？

もう一点は、ジャーナリズムの関係性です。新聞と企業、あるいはテレビと政府の関係ですが、今、日本では政府からメディアに対していろんな圧力がかけられています。それに対して、フランスでは政府とメディアの関係というのはどうでしょうか？

フィリップ　一つ目の質問は、救出に対して税金を使うことですね。フランスでは、救出において税金が使われることに関しては、今まで、ほとんど議論も批判もないです。私たちはみんな、税金を払っています。税金は社会でさまざまなことに使われますが、フランスでは、そういった市民の救出なり、自国民を守るために税金が使われることは問題ないという意識があります。時に、税金を身代金として人質解放に使ったことが問題になる場合もありますが、それは税金を使ったからではなくて、そのお金が、犯罪者やテロリストに渡るという懸念からの批判です。

二つ目の質問ですが、フランスの場合、新聞は「現政権を支持しない」という姿勢をとることが多いです。どれくらい支持しないか、その強弱はありますけれども。逆に、現政権を全面的に支持すると、新聞の売り上げが落ちます。ですから、ある意味、新聞は野党のような役割を果たしているわけです。

政府と新聞の関係性についてですが、政府が新聞に対して何も批判や反論をしないというわけではありません。また、たとえどんな関係性であっても、新聞以外のオルタナティブメディアは存在しますので、政府と新聞の関係性について批判をするメディアも確実にあるわけです。

Q　日本で、例えば安田さんや後藤さんのような拘束・人質事件が起こると、「何も日本人がわざわざ危険なところに行かなくたって、CNNやBBCを見ればいいじゃないか。何でわざわざ日本人がそんな危険なところに行くんだ」という声は必ず出ます。日本人ジャーナリストが、そうした現場へ行く必要性というのは、フィリップさんはどういうふうにとらえていらっしゃいますか？

フィリップ　ジャーナリストとしては、自分で現地に行って取材して、自分で見て話を聞いて、自分で情報をとりたいと考えます。ほかのメディアの情報をコピーして伝えているのであれば、それははっきり言って無意味だと思います。

ジャーナリストがそこにいる理由とは何か。なぜジャーナリストが現場を目指すのか。それは、何か自分で見たい、理解したい、伝えたいという欲求があるからです。会社のオフィスにいて、ＡＰやロイターが配信する記事を流しているだけなのであれば、正直おもしろくないですから。

もちろん、どうしても取材スタッフの数が足りないとか、その現場に取材できるアクセスがないとか、物理的な制約があるメディアはあるでしょう。

ただ、やはりジャーナリストの仕事として期待されていることは、何かが起きているその現場に行って、人々の間に深く入り込んで、事実や情報をつかむことです。そのうえで、私たちが社会で守るべき価値観は何であるか、あるいは何が間違っているかを人々に伝えるということだと思います。そして、読み手がそのメディアの情報を、判断するためのツールとして使って、自分の意見をきちんと持つ、構築する。知の手段としてメディアを活用するという需要があるわけです。それが、ジャーナリズムやメディアの基礎であり、そして社会の礎となるものだと、私は考えています。

終章　これからの「危険地報道」へ向けて

虚偽情報に振り回された3年4カ月
――安田さん拘束事件でメディアや政府に問われる課題

川上泰徳

２０１８年10月25日。安田純平さんが３年４カ月ぶりに帰国した日、私が滞在していたベイルートでは、昼前、激しい雨とともに指先ほどの大きさの雹《ひょう》が降った。レバノンの山では、冬は雪が降る。安田さんが拘束されていたシリア北部のイドリブ周辺はさらに２５０キロ北である。帰国のニュースを聞きながら、安田さんが三度の冬を生き延びたことと、四度目の冬の前に帰国できたことに大きな安堵を覚えた。

私が参加している、ジャーナリスト有志でつくる「危険地報道を考えるジャーナリストの会」（以下、「危険地報道の会」）は、安田さん拘束事件を紛争報道にかかわるジャーナリストの問題として取り組んできた。

18年秋、イドリブはシリア反体制勢力の最後の拠点となり、アサド政権軍が侵攻するのは時間の問題とされた。そして、9月中旬にトルコとロシアが停戦実現のために非武装地帯をつくるという合意ができた。停戦が崩れれば戦闘は一気に拡大する危険性があった。

「危険地報道の会」は、拘束されている安田さんについて何か情報が得られないかと、9月下旬にシリア国境に近いトルコ南部で情報収集を行った。調査はトルコ在住のアラブ人ジャーナリストに依頼したが、現地で誰と接触し、何を質問するかという綿密な打ち合わせを事前に実施した。情報収集をしながら同時進行で密接に連絡をとり、指示を与えた。

そのときに接触したトルコの人道支援組織の関係者が、「安田さんをめぐる交渉が進行中で、1カ月以内に解放されるだろう」と語ったという情報が入った。思いもかけぬ内容だったが、シリア北部で活動している信頼できる筋からの情報であり、「解放交渉は、囚《とら》われている南アフリカ人カメラマンなど、他の人質と同時並行で行われている」など具体的な内容だった。

「危険地報道の会」は、情報の信憑性はわからないが、事実であれば重大であることから、「安田純平さんを救う会」と連絡をとった。その結果、「救う会」にも同様の情報が来ていることがわかり、それを契機として、安田さんが解放された場合の対応について意見交換する機会を持つことができた。

＊

安田さん解放後、改めて人道支援組織の関係者と連絡をとったが、「我々は何も言えない」という返事だった。箝口令が敷かれたようだった。詳細は明かされなかったが、安田さんの解放交渉が進んでいるという情報は事実だったと考えるしかない。

振り返ってみれば、安田さん拘束事件では何が事実かわからないまま、情報が流れるという状態が続いた。

15年1月に起きた「イスラム国（ＩＳ）」による後藤健二さん殺害の後、ジャーナリスト有志でつくった「危険地報道の会」は、拘束される前の安田さんも議論に参加していたこともあり、安田さんが拘束された後、どのような対応をするか話し合った。第2章の座談会でも語っているように、当初は、会として解放のアピールを出すなど表立った行動をすることで、拘束組織を刺激して悪影響が出ることを恐れて、行動を控えた。

会として動き始めるのは、16年3月に、拘束された安田さんの動画が初めてインターネットで公開されてからだ。会は安田さんの解放を求める日本語、英語、アラビア語のアピール文を用意した。しかし、連絡をとった安田さんの家族から「公開しないでほしい」という要請があり、出すのを止めた。

しかし、拘束から2年後の17年4月に開いた「危険地報道報告会」では、日本政府に対して、安田さん問題に「積極的に取り組む」ことを求めるアピールを出した。安田さんの家族は、政府からの連絡はあるが、政府が解放のために真剣に動いているかどうかについて不安を募らせていた。「危険地報道の会」も外務省を訪ね、邦人保護の担当者と面会したが、担当者は「事案の性格上、話すことはできない」と繰り返すばかりで、政府が解放のために動いているという感触は得られなかった。

16年後半と、17年を通して1年半の間、政府からもメディアからも、新たな情報も動きもなかった。「危険地報道の会」は「このままでは安田さんは忘れられてしまう」という思いから、18年1月に、初めてトルコ南部で独自の情報収集を実施した。まず基本的な事実を確認しようと考え、安田さんの動画や画像を自身のフェイスブックで掲示しているシリア人の市民ジャーナリストTや、安田さんのシリア入りにかかわったシリア人コーディネーター、さらにシリア反体制勢力の関係者などと接触した。

安田さん拘束事件で日本からどのような働きかけがあるかも関心事だったが、日本政府が動いていることを示す情報はまったく得られなかった。「危険地報道の会」は外務省の担当部署と再度面談を行ったうえで、18年5月に開いた報告会で、「安田さんの解放について、政府が積極的に動いている様子が見えません」という文言を入れて、政府に「最大限の努力」を求めた。これは、17年4月のアピールに続く二度目の声明だった。

*

安田さんの拘束後、シリア北部でスペイン人のジャーナリスト3人やドイツ人の女性ジャーナリストが拘束される事件が起きたが、いずれも1年以内で解放された。メディアの対応で日本とこの2カ国で異なるのは、スペインとドイツには政府とメディアとの協力関係があったが、日本ではなかったことである。

スペインでは政府とメディアが協力して解放を実現し、ドイツでは政府とメディアの間で「事件解決まで人質関係の報道を控える」という取り決めがあったという。政府との協力といっても、メディアが一方的に報道を自粛するのではなく、人質が安全に解放されることを最優先として、政府とメディアが情報を交換しながら協力するということである。

日本では、新聞協会や民放連などの業界組織で安田さん問題の報道のあり方を話し合うような、メディアの間の横の連絡がなかった。結果的にマスコミ各社は、安田さんのビデオや画像をフェイスブックで掲示するシリア人ジャーナリストT（前出）をほぼ唯一の情報源として、TがSNSにあげる情報を無批判に流すことになった。あるテレビ局はTにインタビューし、「安田さんは精神的に追い詰められ、三度自殺を試みた」という発言を流した。解放された後、安田さんは「自殺を図った事実はない」と明確に否定している。「危険地報道の会」が行ったインタビューによって、Tは拘束組織の意思を代弁するメンバーや代理人ではなく、単にSNSの発信を請け負っているだけにすぎないことがわかった。したがって、「自殺を図った」というようなTの発言をそのまま流すことは適切とは思えない。

18年7月末、安田さんがオレンジ色の囚人服を着せられ、銃を突きつけられる動画が公開されたとき、Tはフェイスブックで「拘束組織はこれまでの3年間、拘束された自国民を解放するためのいかなる試みもしていない日本政府が、彼らの要求を実行しなければ安田さんを処刑することを示している」と解説した。日本政府に圧力をかけようとする拘束組織の意図が透けて見える内容だった。

誰もが情報発信できるＳＮＳ時代で情報が錯綜《さくそう》することは避けられないが、日本のメディアがＴの意図的で無責任な情報発信にふりまわされたことは、反省材料としなければならない。

＊

安田さん拘束事件で、疑わしい情報が独り歩きした例としては、当初、安田さんを拘束していると見られていたアルカイダ系の「ヌスラ戦線」に参加するウイグル人グループが、「安田さんを身代金なしで救出しようとしている」という話があった。

安田さんが行方不明になってから、「ヌスラ戦線」指導部が知らない間に、地元の武装組織が安田さんを拘束していることが判明したので、「ヌスラ戦線」は銃撃戦の末、安田さんを奪還した。ウイグル人グループは安田さんの救出の機会をうかがっている――という話だった。

しかし、安田さんは、「拘束直後に組織が変わるようなことは起きておらず、拘束された場所にいた組織側の人間は1年間ずっと同じだった」と語っている。ウイグル人グループの救出を期待するという話は、当初、一部のジャーナリストの間で広がっていた。しかし、根拠のない情報だったことが解放後の安田さんの証言で明らかになった。

邦人の人質事件では、不正確な情報や誤った情報を拡散させないために、まず、メディアや関係するジャーナリストの間で互いに情報を検証し、情報発信のルールを共有する連絡システムをつくる必要がある。さらに政府がメディアと情報を共有し、検証や評価で協力する仕組みをつくることも考えなければならない。

政府が安田さん問題でどのように対応をしたかは、いまだにわかっていない。政府は官邸が主導する「国際テロ情報収集ユニット」が情報収集や分析で働いたというが、具体的に何をしたのかは、解放から6カ月以上を経てもわからない。拘束組織さえ特定されていない。

スペインの場合は、ニュースサイト「ラ・インフォルマシオン」が、解放後に同国の情報機関である国家情報センター（CNI）が果たした役割について検証記事を掲載した。「CNIはカタールを通じて、拉致組織の人間と定期的に話し合いを持った」とし、「ジャーナリストたちは絶え間なく居場所を移動し、少なくとも6回、居場所を変えた。CNIは時に居場所を見失うこともあったが、最後はアレッポの家にいることを突き止めた」という。

CNIはスペイン人人質の安否を確認するために、家族から示された「本人しか答えられない質問」をしてジャーナリストたちに答えさせ、定期的に生存確認のビデオを出させたという。一方、安田さんの場合は、日本政府は何もしていなかったのではないかと思われても仕方ないだろう。

安田さんは無事に解放されたが、メディアの報道のあり方や、政府のメディア対応のあり方など、残された課題は多い。最大の課題は、同じ地域で拘束されたスペインやドイツのジャーナリストが1年以内に解放されているのに、安田さんが3年を過ぎても解放されなかったことであろう。日本の邦人保護についての能力の問題なのか、意思の問題なのか、または、その両方なのか。ISに拘束された後藤健二さん、湯川遥菜さんが15年1月に殺害された事件と同様、安田さん拘束事件でも、政府の邦人保護のあり方と能力が問われなければならない。

危険地取材をめぐる三つの危機

石丸次郎

２０１５年１月に発生した後藤健二さん殺害事件から、安田さん拘束事件を経ての４年半あまりを振り返り、日本の危険地取材をめぐる状況は危機が深まったという思いを強くしている。それを三つに分けて考えてみたい。

＊

一つ目は、日本のマスメディアの衰退と「危険地離れ」だ。大きな紛争やテロ事件があった際、今も変わらず新聞は紙面を割くし、テレビニュースでは映像が流れる。だが、それは現地に赴いた記者の取材によるものよりも、外国メディア・通信社の配信や引用、または周辺国の支局発という記事がめっきり増えた。

既存マスメディアは、ＮＨＫを除けば、どこも経営が右肩下がりに苦しくなっている。

日本新聞協会の「新聞の発行部数と世帯数の推移」によれば、２０１８年10月時点の新聞発行部数は、前年から約２２２万７０００部も減少した（５・３％マイナス）。また19年３月のＡＢＣ部数調査によれば、前年同月比で、朝日は約38万部、毎日も約38万部、読売は約39万部、それぞれ減らしている。「新聞協会報」によれば、産経新聞の19年春の新卒採用は２人。そのうち記者は１人である。

テレビはこの20年間で、ゴールデンタイムの視聴者数が約10％減っている。筆者の主な発表の場の一つはテレビだが、民放ニュース番組の特集枠の制作予算は、この15年間で半減したというのが実感だ。そもそも報道番組自体がずいぶん減った。ニュースの時間は短くなったし、テレビ朝日系の「ザ・スクープ」「サンデープロジェクト」など、長尺の特集枠を持つ番組が次々と姿を消したのはかなり前のことだ。かつて紛争地報道の花形だった特集グラビアページを持つ雑誌も、ほぼ消滅してしまった。新聞、テレビ、出版社では、どこも予算と人員の削減が進んでいることは想像に難くない。海外支局の閉鎖も進んでいる。現場取材志向を保つ番組、新聞はあるが、「行きたくてもなかなか行かせてもらえない」という記者の嘆きを数多く聞く。

インターネットとスマートフォンの世界的な普及も大きな影響を与えている。「危険地報道を考えるジャーナリストの会」の前著である『ジャーナリストはなぜ「戦場」へ行くのか』（集英社新書）の中で、内藤正彦さん（テレビ朝日）は「前線取材の定義がスマホで変わった」と書いた。放送局は映像が命。昔は現場に駆けつけることが何より重要だったが、最近は、スマホで撮影された現場映像をいち早く集めることが優先されるようになった。世界には動画撮影ができる何億というスマホカメラが存在し、現場から瞬時に、そして紛争や事故の当事者までが撮影・送信できるようになった。現場に入るプライオリティは下がるしかないというわけである。

＊

二つ目の私の危機感は、日本の危険地報道で大きな役割を果たしてきたフリージャーナリストたちの困難だ。マスメディア衰退の直撃を受けて、取材しても発表先を探すのが難しく、取材費を再生産できない。ほかの仕事やアルバイトをして貯《た》めたお金で取材に行くというやり方の人も少なくない。桜木武史さんはシリア国内に5回入り、『シリア　戦場からの声　内戦 2012－2015』（アルファベータブックス）というすぐれたルポを出版したが、その後の生活の糧はトラック運転手をして得ている。多くのフリーが、取材の持続が不可能な状況に陥っている。

日本のフリーの写真家たちは、１９６０～70年代のベトナム、インドシナ紛争報道で世界的に高い評価を得た。その影響を受けた次世代が、80～90年代にビルマ、カンボジア、アフガニスタン、中国の天安門事件、中南米、ボスニア紛争などですぐれた仕事を世に出した。

かつてフリーの発表の中心は雑誌のグラビアだった。月刊誌、週刊誌で巻頭カラー10ページの大型企画の場合、フィルム・現像代はすべて雑誌社負担でギャラが50～１００万円というのは珍しいことではなかった。

90年代に入って雑誌媒体が衰退し始めたころ、高画質で安価な小型ビデオカメラが登場し、多くのフリーはテレビの世界に参入する。ニュースの特集や、長尺のドキュメンタリー番組をフリーが制作できるようになった。長く紛争地を取材してきたフォトジャーナリストたちが、ビデオカメラを現場取材の武器として駆使し始めたのだ。

２００１年９月の米国同時多発テロ後、イスラム原理主義勢力への報復に出た米英は、アフガニスタン空爆、03年にはイラク戦争に踏み切る。日本のマスメディアは危険地への社員記者の派遣に制約が多く、フリーが現地から貴重な報告を届けた。ベテランに交じって、70～80年代生まれの若い人たちがイラク現地取材に加わり、マスメディアと仕事をすることで鍛えられ、危険地に赴く精神と経験は受け継がれていった。

しかし、次第にメディアは危険地取材に慎重になる。後述するが、04年にイラクで日本人が拉致・殺害される事件が相次いだ影響だろう。さらにシリア、イラクで「イスラム国（IS）」が跋扈し、後藤さんはじめ多くの国のジャーナリストが拉致・殺害される事件が発生すると、テレビ局によってはフリーの撮影してきた映像使用をためらうようになる。

ある経験豊富なビデオジャーナリストは、「ずっと仕事をしてきた放送局から、しばらくフリーの映像は使わないことになったと言われた」と私に述べている。NHKも、危険地取材が含まれる外部の企画提案は一切受け付けなくなった。取材で事故が起こった場合、NHKにも責任が生じかねないというのが理由だ。独自に取材撮影した後に企画提案するしかなくなったのである。

このような経緯があって、日本の危険地取材の一翼を担ってきたフリージャーナリストは、数がどんどん細くなってしまっている。今、20代はほとんどいないと言っていいかもしれない。そんな中で光るのは女性たちだ。玉本英子さん、林典子さん、安田菜津紀さんらが困難の中でも地道に現地取材を重ねている。

＊

そして三つ目の危機は、危険地を取材すること自体が、国家権力の干渉、妨害を受けるという新たな局面に入った点だ。

私の所属する「アジアプレス」のメンバーは、1990年代半ばから、ボスニア内戦、東ティモール独立紛争、アフガニスタン内戦などを取材した。残念なことに東ティモール取材では、インドネシア人のメンバー、アグス・ムリアワンが独立反対派に銃撃されて落命する痛恨の事件があった。だが、外務省や警察から取材に対して干渉めいたことはなかった。

政府がジャーナリストの危険地への入域に干渉し始めるのは、2003年に米英がイラク戦争を始めてからである。バグダッドが20日間で陥落すると、国連安保理決議に基づかない米国中心の有志連合によるイラク攻撃を支持した小泉政権は、人道復興支援の名で自衛隊をイラクのサマワに派遣した。同時期、イラク国内は不安定になり日本人が巻き込まれる事件が連続して起こる。11月に日本の外交官2人が車で移動中に襲撃を受け殺害された。翌04年4月には、日本人3人を反米武装勢力が監禁、10月には香田証生さんが殺害された。この2件では、武装勢力は自衛隊のイラクからの撤退を要求した。同じころ、英国人、イタリア人なども立て続けに拉致され、軍撤退を要求される事件が起こっている。5月にはジャーナリストの橋田信介さんと小川功太郎さんが車で移動中に銃撃されて亡くなっている。

「アジアプレス」に外務省や警察からの干渉が始まるのもこのころからだ。事務所には、メンバーのイラク取材計画を探るような電話が続いた。本書の執筆者でもある綿井健陽さんは、04年12月にアンマンのイラク大使館で発給された査証が、最終段階で査証スタンプを修正液などで消されて無効にされた。同大使館員は「日本大使館から、日本人にビザを発給しないようにとの要請があった」と答えている。事務所は緊張した。メンバーの日本出国予定は極秘とし、メディアにも一切伝えないことにした。ほかの日本人ジャーナリストのイラク入国も、この時期、ほぼ全滅に近い状態だったはずだ。マスメディアの記者もなかなかイラクに入れない時期が続いた。

小泉政権は、なぜジャーナリストのイラク行きを妨害したのか？　日本人が武装勢力に殺害、誘拐されるような事件がまた起これば、米国のイラク戦争を支持し、自衛隊を派遣した政権に対して、世論が厳しくなることを恐れたためだと、私は見ている。

妨害があからさまになるのは、第2次安倍政権になってからだ。安倍晋三首相が２０１５年１月中旬に中東を歴訪した直後の１月20日、ＩＳはシリアで行方不明になっていた湯川遥菜さんと後藤さんを映像に登場させて、「72時間以内に2億ドルの身代金の支払いがないと両人質を殺害する」と声明を出した。人質を取って安倍政権に政策変更と身代金要求を突きつけたわけだ。

この事件を負担に感じたのだろう。本書でもたびたび言及しているように、同年2月7日、シリア取材を計画していた新潟在住のカメラマン、杉本祐一さんが旅券返納を命じられた。旅券法第19条で定める「生命、身体又は財産の保護」が理由だったが、ジャーナリストから旅券を取り上げて、出国そのものをさせないという前例のない強権発動だった。

19年2月に旅券返納を命じられた常岡浩介さんのケースはさらにひどい。常岡さんは、内戦状態にあるイエメンの取材を計画して査証を取得、羽田空港から出国しようとしたところで旅券返納命令が出された。常岡さんは1月に、イエメン行きの経由地オマーンで入国を拒否されていた。旅券法には「渡航先に施行されている法規によりその国に入ることを認められない者」になった場合、「外務大臣又は領事官は……旅券の返納を命ずることができる」とある。オマーンに入国拒否されたことを理由に、あらゆる外国に出る機会が予防措置的に奪われたわけだ。憲法が保障する海外渡航の自由や、取材・報道の自由と知る権利などを侵害するもので、民主主義を脅かす暴挙だと言わざるを得ない。

なお、杉本さんは、旅券返納命令と渡航制限の取り消しを求めて国を提訴したが、18年3月、最高裁で訴えは棄却され敗訴が確定した。常岡さんは19年4月に旅券返納命令の取り消しと損害賠償を求める訴訟を起こしている。

＊

国家権力による海外取材の妨害……。これまでまったく考えられなかった事態だ。当然、対峙《たいじ》していかなければならないのだが、現状はじりじりと後ずさりが続いていると言うしかない。裁判闘争を続けた杉本さんについては、「危険地報道を考えるジャーナリストの会」で支援らしい支援ができなかったし、政府の不当性を訴える社会発信も不十分だった。そして、旅券返納命令は合法という判例ができてしまった。

残念だったのは、ジャーナリストから旅券を取り上げるという「言論事件」なのに、メディアの関心が高まらなかったことだ。強権が振るわれ始めたことに対して、今後はフリーとメディアのジャーナリストやメディアの労組、研究者、法曹界が、いかに連携していくのかがカギだと思う。

マスメディアが、既存のビジネスモデルを維持できなくなって徐々に力を落としていくのは時代の趨勢《すうせい》であり、誰にも止められない。またそれを嘆いていても、何も変わらないし、何も始まらない。古今東西、技術の発達とともに旧《ふる》いメディアの衰退、新メディアの勃興は繰り返されてきたことだ。インターネット時代にふさわしい「境界を跨《また》いで届ける」メディア、それで取材者が食える構造をどうやって作っていくか、世界中で多くの人がチャレンジしている。一フリージャーナリストとして、私もその営みのために汗を流したいと思っている。

危険地取材とは、戦場、紛争地、強権国家など、世界で最も光が届きにくい場所に真実を探りに行くことだ。その意義と目的は、時代が変わっても、メディアの栄枯盛衰があっても、変わらないはずである。

ジャーナリストと市民との「溝」をどう埋めるのか

高橋弘司

ジャーナリストによる紛争地取材をめぐる一連の議論を振り返り、最も欠落している視点は何だろうか。それは「どうすれば、多くの市民に紛争地取材の意義を伝えられるか」ということではないか。フリージャーナリストら報道関係者が抱く意義や使命感と、「無関心な」市民の意識の間には大きな溝がある。その溝を埋める方策について、大学での教育実践を通じて考えた。

＊

一般市民が紛争地取材の意義を理解する必要性については、法政大学の石坂悦男名誉教授が、元ゼミ生でフリージャーナリストの後藤健二さんが「イスラム国（ＩＳ）」に殺害された事件を機に、２０１６年３月、「現代の戦争と取材・報道の自由――ジャーナリスト後藤健二の仕事と人質殺害事件」（法政大学社会学部学会「社会志林」）と題する論文を発表している。

石坂氏は「なぜ、何の犠牲にされたのか」と後藤さんの死の背景について詳しく考察した結果、「対テロ戦争の犠牲」などと指摘するとともに、「日本社会の民主主義の脆弱《ぜいじゃく》さの犠牲」と喝破。「ジャーナリストが危険を冒してまで紛争・戦争地域の取材をすることの社会的意義についての理解が国民の間でまだ十分なレベルに達していない」と問題提起している。

２０１８年10月、安田純平さんが釈放されたのを機に、ネットを中心に、再び「自己責任論」が飛び交った。紛争地取材をめぐる国民の無理解は、後藤さん殺害事件から2年以上経っても、大して変わっていなかった。

そこで私は、自分が教鞭《きょうべん》をとる横浜国立大学のジャーナリズムの授業で、通算四度にわたり、このテーマを取り上げた。

学生一人ひとりのこの問題に関する知識や意識は一様ではない。そのため、最初の授業で、学生たちに安田さん帰国当時のニュース映像や「自己責任論」を取り上げたテレビ番組を見せ、関連の新聞記事を読ませた。そのうえで、約20人の学生を4〜5人ずつのグループに分け、「紛争地報道は必要か、否か」などのテーマで、学生同士でディスカッションさせ、各グループのリーダーにどんな議論になったかを発表させた。

学生の大勢は「紛争地情報はあったほうがよい」という意見だった。ただし「ぜひ、情報が必要だ」ではなく、消極的賛成でしかなかった。日本は中東の石油にエネルギーの一部を頼っているから海外事情の提供があればいい、という程度の理由だった。

その一方で、「紛争地の情報は知っても知らなくても生きてゆける」「別に興味がない」などという冷めた意見を持つ学生が少なからずいたことが目を引いた。

二度目の授業では、私から、「舞台がシリアでなく、仮に北朝鮮だったら、その情報は必要か、否か」と投げかけ、あらためて学生同士で議論させた。授業後に学生が提出したリアクションペーパーの感想を見ると、多くの学生に明らかな変化が見て取れた。

ある学生は「もし、北朝鮮だったらと問いかけられ、自分に一気に近づいた気がした」と明かし、「北朝鮮が舞台だったら、『自己責任論』など生まれなかったかもしれない」と書いた。別の学生は「(北朝鮮だったら、とした)この観点が世間に広まって、あらためて危険地へジャーナリストが行く意義を考え始めるのではないか」と指摘した。また一部に「（北朝鮮を）下手に刺激するな」というバッシングがあったかもしれない、との意見もあった。

さらに三度目の授業では、毎日新聞の伊藤芳明・前主筆を招き、湾岸戦争や旧ユーゴ紛争などでの豊富な戦場取材の経験を踏まえた考えを聞いた。伊藤さんは「ジャーナリストのすべての仕事は個人の責任」と、戦場取材にだけ「自己責任」が取りざたされている世論の現状に対し、強い違和感を明かした。その上で「現場に立って当事者に話を聞くことで、一方的でないバランスの取れた情報を発信できる」と強調した。

ある学生は「安田さんに自己責任を問うことに違和感を覚えていたが、うまく言葉にできなかった。伊藤さんの話を聞いて腑《ふ》に落ちた」と振り返った。複数の学生が同様の感想を寄せた。

＊

締めくくりの四度目の授業では、朝日新聞で連載中の4コマ漫画「地球防衛家のヒトビト」が2018年8月に紛争地取材の問題を取り上げ、「秀逸」とネットなどで話題となったことを紹介した。漫画では、先生が「危険な場所で何がおこっているか知りたい？」と話しかけても、黙って手を挙げなかった子供たちに「君たちが危険な場所でくらしていたとしたら、世界にそのことを知ってもらいたい人？」と立場を逆にして考えるよう投げかけると、一斉に手を挙げた様子が描かれていた（221頁に掲載）。

また、本書第3章にインタビューを採録した「ル・モンド」東京特派員フィリップ・メスメール氏が「日本社会はリスクを冒して戦地から得る貴重な情報よりも、日本人が現地で事件や事故に巻き込まれないことが優先される」と指摘する記事を紹介した。合わせて、戦地で長く拘束されていたフランス人ジャーナリストが帰国した際、オランド仏大統領が空港まで出迎え、彼らの取材活動を賞賛したことにも触れた。

そのうえで、一連の授業を振り返り、「あなたはジャーナリストが戦場に行くことを支持しますか」というテーマで学生たちに課題レポートを書かせた。「支持するか、支持しないか、どちらでもないか」。自分の立ち位置を明確にしたうえで、その理由を明らかにするよう求めた。

その結果、課題を提出した17人の学生のうち15人が、紛争地取材を「支持する」との立場でレポートをまとめていた。その中で、特に目立ったのは、「危険な場所でくらしていたとしたら、世界にそのことを知ってもらいたい人？」と問いかける朝日新聞の４コマ漫画への「共感」だった。

ある学生は「もし、日本が戦地となり、自らが被害者になった場合、日本にジャーナリストが来ず、現状が海外に報道されなければどう感じるだろうか。おそらくはほとんどの人が（中略）助けてほしいと考えるだろう」と指摘し、安田さんがシリア国内を取材する

「朝日新聞」2018年８月13日夕刊より転載。ⓒしりあがり寿

意味や、その拘束について考えることは「（中略）公共益となり得るのは確かである」と総括した。また、別の学生も「今まで目を背けていた出来事が、自分と関係したときに初めて大切な情報であったと気がついてからでは遅い」と心境の変化を明かした。

さらに、外国人ジャーナリストによるレポートに頼らず、日本人ジャーナリスト自らが紛争地に足を運ぶ意味について、ある学生は「実際に日本人が命を賭けて持ってきて、自分の意見で感じたものや思ったことを発信しなければ、当事者意識は、より一層薄まって行くような気がする」と、同じ価値観や文化背景を持った日本人ジャーナリストが足を運ぶ意味を前向きにとらえていた。別の学生は、「○○人が死んだ」など犠牲者数で聞くよりも、「自分や家族と同じ年齢の人が死んだ」と聞くと身近に感じると、紛争地で生きる人々にフォーカスした報道の大切さを指摘していた。

だが、一方で、ジャーナリストの紛争地取材を「支持しない」とした学生が1人いた。また、「（紛争地に行くことを）否定はできない」と答えた別の学生は「今回のように大きな問題となると、（中略）国全体を巻き込んでしまう」ため、積極的には支持できないと慎重だった。

こうした模索を通じて見えてきたものは何か。それは距離的に遠い問題を、自分の身近な問題に置き換えて学生たちに考えさせる大切さだ。複数の学生が舞台をシリアから北朝鮮に置き換えたり、もし日本が戦火に巻き込まれたりしたら、と投げかけたことがきっかけで、「他人事」でなく、「自分事」として問題をとらえ直していた。

また、「数回かけて、同じテーマについて議論を重ね、あらためて外国の紛争地に関心がなかったと痛感した」と自らの内向き思考に気づいた学生も少なからずいた。カギは、紛争地の問題を自分に引きつけて考える想像力にどう働きかけるかなのだ。

学生は、レポートやリアクションペーパーでは教員が好ましいと思うように回答しがちであることは否定できない。分析した対象学生数もまだ少数である。だが、紛争地取材に当初、「興味がない」と話していた何人もの学生が議論を重ねるごとに真剣な面持ちに変わっていった姿は印象的だった。

*

最後に、紛争地取材を大学教育で取り上げる中で忘れてはならないのは、旅券返納命令の問題点だ。

２０１９年２月、中東イエメンに向かおうとしたフリージャーナリスト常岡浩介さんに旅券返納命令が出され、出国できなかった。オマーンへの入国拒否の対象にされたことを盾に、スーダン経由でイエメン入りしようとして返納を命じられたという。

このような報道関係者に対する旅券返納命令は、２０１５年２月に、シリア行きを予定していた新潟市在住のフリーカメラマン杉本祐一さんが命じられたのに次いで二例目だ。いずれのケースも「報道の自由、市民の知る権利を奪いかねない」「民主主義の危機」として、一部のジャーナリストやメディア研究者らが命令撤回を求めて抗議している。

だが、マスコミや市民の反応は極めて鈍い。雑誌「Journalism」（２０１９年４月号）で、ジャーナリストの堀潤氏が「テレビでの議論は欠かせない」と指摘しているように、堀氏自身がキャスターを務める東京ＭＸテレビの番組で詳しく取り上げたほかは、ＮＨＫとＴＢＳが簡単に報じたぐらいだった。新聞も短く初報を伝えただけだ。

背景には、国民の問題意識が極めて低いことがあるようだ。杉本さんに対する返納命令が起こった直後、各種世論調査で約８割の人が返納命令を容認していた。命令の取り消しを求めた杉本さんの訴訟が最高裁で上告を退けられたことも影響しているだろう。こうした世論の反応から目を背けず、マスコミやジャーナリズムが紛争地取材の意味を粘り強く訴え続けるしかない。

多数の学生にとって、「他人事」でしかない紛争地取材や旅券返納命令の問題。それをどう、「自分事」として伝えてゆくか。大学教育に求められるのは、ジャーナリズム論、憲法学、国際政治学、危機管理学など幅広い分野の知見を結集し、こうした問題を多面的に学生たちに訴え続けることだろう。それがやがては、多くの市民の「共感」にもつながるはずだ。

フリーランスが危険地で犠牲になりがちな日本って、おかしい。そこから世界を考えたい

五十嵐浩司

21世紀に入って、というよりは、9・11米同時多発テロへの報復として行われた対アフガニスタン武力行使（2001年）、イラク戦争（2003年）の後で、戦場や騒乱の現場で亡くなった日本人ジャーナリストは6人いる。うち1人が通信社に勤務する「組織マスメディアの写真記者」である以外、実に5人までがフリーランス・ジャーナリストである。

この比率は、異常に高くはないか？　それは日本だけの現象なのか？　だとしたら、それはなぜなのか？　そこから安田純平さんのことと、危険地報道の問題を考えてみたい。

アフガニスタンやイラクを「区切り」として持ち出したのは、これが戦場でのジャーナ

リストの仕事の「質」が変わる分岐点だったからだ。それまでは「中立」とみなされていたジャーナリストや国連・NPOスタッフが、明確に攻撃の標的とされだしたのである。このため、「社員」の安全を保障する使命を負う組織マスメディアは、危険な戦場に軽々には「社員ジャーナリスト」を派遣しなくなった。

私は1989－1992年に新聞社のアフリカ特派員としてナイロビに駐在したが、さまざまな内戦や湾岸戦争を取材する際に「戦争保険」など話題になったことはない。1週間ほど戦場に入り連絡手段がなく、やっと脱《ぬ》け出して東京に電話を入れても、音信不通状態だったことさえ「あれっ？　そうだった？」という程度の反応だった。それほど、記者の命は軽々しく扱われ、安価なものだったのである——私だけだったのかもしれないけれど。

だから、日本のマスメディアが10年余りでこれほど「社員」の安全に気を遣ってくれるようになったことは喜ばしいと、心からそう思う。だが、それと並行して起きたこと——「社員ジャーナリスト」の空白を埋めるように、戦場など危険地取材をフリーランスへ依拠する傾向が、特にテレビの世界で強まったことが、この高い比率の背景にあることはまず確認しておきたい。

もう一つ、確認しておかなければならないのは、欧米などのマスメディアはフリーランスの記事や映像をごくごく普通に使うことだ。テレビはともかく、日本の新聞は特別な寄稿や自社カメラマンの都合がつかないときの写真撮影などしかフリーランスに仕事を依頼することはまずない。そこが欧米と決定的に異なる。そもそも、組織マスメディアの「社員ジャーナリスト」といっても、欧米では日本のような終身雇用ではなく、特に米国では「ニューヨーク・タイムズ」紙のような超エリート集団でも記者は3年ほどの期限付き雇用で、組織自体がフリーランスの集団のようなものだ。

だから比較するのは難しいのだが、国際ジャーナリスト団体「国境なき記者団」（本部パリ）が発表した2018年1年間に戦争や紛争で死亡したジャーナリスト79人の所属を見ると、純粋なフリーランスと見られる犠牲者の割合はやはり日本ほど高い比率ではない。

6人中5人という高い比率は、やはり日本のマスメディアの問題——それもマスメディア産業が抱える構造的な問題に起因すると考えてよいのではないか。

欧米と日本では、フリージャーナリストの置かれた環境がどう違うのだろうか。

東南アジアやアフガニスタンの専門家として高名なフォトジャーナリスト、ロバート・ニッケルズバーグ氏に2018年夏にニューヨークで話を聞いた。彼は25年間、フリーランスとして「タイム」誌の現地駐在を務めた。契約書はまったく交わしていないが、給与はもちろん、家賃補助、保険、その他の「給与以外の手当て」も同誌の社員記者とまったく変わらなかった、という。カメラなど撮影機材一式を盗まれたときも、同誌が補償してくれた。

やはり長年ニューヨークを本拠に活躍する日本人フォトジャーナリスト、Q・サカマキ氏は、長期の契約の経験はないが、例えば「1カ月のイラク戦争取材」といった仕事をマスメディアが依頼してきたとき、「すべてを（メディア企業が）負担するのが基本だ」と強調する。「必要経費は、極端に言ったら1000万円かかっても」払うし、「装甲車が必要なら、そのお金は払うんです。それが大手のコーポレーション」なのだという。

むろんこうした待遇は、特に危ない紛争地や戦争の「ほとんど世界中のレポートをカバーしてきた、わずか数百人ほどの」「実力があり、エスタブリッシュされたフリーランサー」（サカマキ氏）の一員とみなされているから受けられるものだ。両氏には「すぐれたジャーナリストほどフリーランスになる」（サカマキ氏）という自負があるし、そうした見方がマスメディアの世界で広く受け入れられてもいる。

ここまでの厚遇はあまり聞いたことはないが、日本でもイラク戦争以前には、テレビ局がフリーランサーに仕事を発注し、事前に費用を渡して、ビザや記者証の発行も支援することが少なくなかった。こうした方式がイラク戦争後はほぼ姿を消したと、在京テレビキー局の幹部もフリーランスのジャーナリスト仲間も口をそろえる。「イラクに行ってきますよ」「気をつけて。いい画《え》が撮れたら教えてね」。今は、こんなやりとりがせいぜいらしい。マスメディア側は自社の「社員ジャーナリスト」が危険にさらされることを極力避けるだけでなく、フリージャーナリストに「万一の事態」が置きた際に責任を負うことも回避しているのだろう。

安田純平さんも、取材結果を公表したいマスメディアに「シリア」という行き先を告げることはなく旅立ったと聞く。

さらに二つのことが、こうした危険地報道のありように影響を及ぼしている。第一に、2000年代に入って顕著になった新聞、雑誌、テレビといった伝統的マスメディアの財政の悪化と影響力の低下である。リーマン・ショック（2008年）もあるが、ちょうど携帯電話からスマートフォンへの移行が始まり、ウェブがぐんと力を増してきた時期と一致する。まず予算を削られたのは、費用がかさむ国際報道や調査報道の分野である。

そして、このウェブ、特にスマホによるSNSの利用が、フリーランサー、「社員ジャーナリスト」を問わず、戦場などの危険地の報道をよりハードルが高いものにした。「イスラム国（IS）」が直接スマホにさまざまな画像を送り込んでくる。シリア内戦では爆撃の直下にいる市民が、スマホで生々しい映像を世界に発信する。ジャーナリストたちはこうした情報を〝超える〟ために、従来の現場感覚では「危険だな」と思える場合でも、さらにもう一歩、奥へと入っていかざるを得ない——そんなことがしばしば起きているのである。

＊

日本の場合、こうした決断を迫られることが多いのが、フリージャーナリストということになるのだろう。

日本に顕著なこうしたフリーランスの受難は、世界のレベルで見ても増えている。2015年に「国際報道安全協会」（本部ロンドン）が出した調査報告書によると、対象となったフリージャーナリスト154人中、121人が「フリーランスは10年前より危険にさらされている」と答えている。その理由は、「マスメディア側が果たすべき注意を怠っている」が27%と最も多く、「準備と訓練の不足」（24%）、「以前よりフリーランスが使われるようになった」「武力衝突の現場に行きやすくなった」が17%で続く。

実はニッケルズバーグ氏やサカマキ氏のような熟練の（で、日当も高い）フリーランスに、危険なアフガニスタンやシリアの取材でマスメディアから声がかかることはまずなくなった。2人の証言によると、代わりに増えたのが熟練度の低い地元の若者をストリンガー（地元の通信員）として雇うことだという。「国境なき記者団」の2018年の死者79人のうち、15人がアフガニスタンで、11人がシリアで、だった。サカマキ氏は、こうしたストリンガーには手当てや戦争保険も十分には保障されていないことが多いと指摘する。

戦場取材は常に、若く野心的なジャーナリストが名前を挙げるための格好の場だった。

だが、そこでは通常、経験が豊かで尊敬されるベテランのジャーナリストが、どのように行動するのか、どのように危険を判断するのか、手本を示していた。アフガンやシリアで見られる若く未熟なジャーナリストの「使い捨て」とも見える使われ方は、世界でも日本のフリーランスが置かれている状況に通じるような、危うい勤務の形態が広がりつつあることを示してはいないだろうか。

戦場など危険地を取材するのは、フリーランス、組織マスメディアの社員を問わず、決意したジャーナリストの責務である。ジャーナリズムが正しく機能しないとき、どんな事態が起きるかは、ルワンダ大虐殺（1994年）を思い起こしてみればいい。

だが、同じ責務を負いながら、財政や安全装備、訓練、保険などさまざまな面でフリーランスに不当な重荷を背負わせている――それが日本の実情だろう。その崇高な使命感に甘えてはいけないのじゃないか。フリーランスの仕事を日本のマスメディアの中でどう位置付けるか、私たち全員で考えていくときなのだろう。

アフガニスタンやシリアで懸命に世界に情報を送り続けている若いジャーナリストたちのことも、しっかりと考えたい。私たちに何ができるか。何が手助けになるのか。

安田さんは3年4カ月という長い拘束のあと、幸いなことに無事帰還できた。

だが、世界は平和で安全になったわけではない。安田さんが帰還できた喜びを、危険地が正しく報道されるために生かしていくことが、私たちに課せられた使命だと私は思う。

ほんとうに「救出手段」はないのか

綿井健陽

なぜこれほど長く、彼は拘束されていたのだろうか、3年4カ月の間に彼が解放される機会はなかったのか、もし彼でなければ生還できなかったのではないか……。安田純平（以下、この項、敬称略）の解放直後から間もなく1年を迎える現在に至るまで、何度もそんな疑問が心の中で渦巻いている。

安田が拘束されていた時期に、シリアでは3人のスペイン人ジャーナリストが拘束されたが、10カ月後に解放された。ドイツ人女性ジャーナリストも1年で解放された。安田が拘束される1年前には、フランス人ジャーナリスト4人が、10カ月で解放されている。「危険地報道の会」が主催した報告会では、フランス人のフィリップ・メスメール記者に基調発言を依頼した（本書第3章参照）。彼には事前インタビューもしたが、ほかにスペイン「EFE通信」のアントニオ・エルモシン記者にも話を聞いた。同じシリアでジャーナリストの拘束・人質事件が起きたフランスやスペインと日本では、政府の対応やメディアの扱いや市民の反応で、いったい何が異なるのか。

それぞれの国の記者に話を聞く中で、共通していた言葉や認識が二つある。

一つは、「ベーシック・デューティー（基本的な義務）」という言葉だった。「ジャーナリストが紛争・戦争地域の現場取材に向かうのは、ジャーナリストの仕事として基本的な義務だ」という認識だ。日本で聞かれる「なぜ紛争・戦争取材をするのか」という理由付けや、「危険な地域に取材に行く必要性」を論じる以前に、彼らはジャーナリストやメディアの職業的義務として紛争・戦争取材をとらえていた。

もう一つは、拘束・人質事件が起きた場合に、「自国民の無事解放と生還が最も重要なこと」という考え方だ。政府の身代金支払いの有無や是非を問うことよりも、あらゆるルートや交渉を通じて、自国民救出に向けて政府やメディアは最大限の対応や協力をすることが当然だという認識だった。

これらは、日本とフランスやスペインの間での、メディアと市民と政府の関係性の違いが影響している考え方であろう。

フィリップ記者の話の中では触れられなかったが、フランスでは過去に人質・拘束事件が起きた際に、興味深い反応が起きていたことを知った。

2009年にフランス人ジャーナリスト2人（フランス公共放送「France3」のテレビ記者とカメラマン）が、アフガニスタンでイスラム過激派組織「タリバン」に拘束された。1年半後に無事解放されたが、拘束中にはフランス国内で思わぬ経緯があった。

当時のサルコジ大統領は、拘束された2人のジャーナリストの行動を「スクープ目当ての無謀な行為」と非難した。また、当時のフランス軍参謀総長は、「彼らの救出のために、これまで1000万ユーロを支出している」「こうした数字を挙げたのは、各人それぞれに責任を呼びかけるためだ」と発言した（2010年1月17日、2月21日）。

これらは日本で言えば、「自己責任論」のような非難に近い発言だが、これに対して、フランス市民やメディアから大きな反発が起きている。2人の救出を呼びかける集会やコンサート等もたびたび開かれて、市役所には2人の大きな顔写真の幕が掲げられた。記者たちの労組はもちろんのこと、彼らが所属する放送局のレミー・フリムラン会長（当時。

２０１６年死去）も自らの言葉で、「民主主義の国における私たちの使命は、世界で何が起きているかを視聴者が理解できるように報じることである。そのために、現場に取材に行かなければならない。そして、リスクも取らなければならない」（２０１１年6月30日）と反論した。

こうした経緯を見ると、フランスでは政府や政治の側から「自己責任論」のような非難がたとえ起きたとしても、メディアや市民はそれに対して自ら反論と行動を起こしている。ここは日本と大きく異なる点だ。

フランス在住が長いコリン・コバヤシ（著述家、美術家）は、「同調圧力の強い日本では、自己責任が異常に増幅され、戦場や危険地取材に限らず、報道の独立性や中立性がすでに著しく脅かされている」と指摘する。

＊

安田純平解放を受けて、私は過去に起きた誘拐・人質事件での対応を調べた。

フランスでは、１９８０年代のレバノン内戦当時に、外交官やジャーナリストが誘拐されている。当時、他の欧米人人質の中からフランス人だけが解放されるケースもあり、他の欧州諸国からは「裏取引」と非難も浴びた。ミッテラン政権時代に大統領直属の首席補佐官を務めた人物は、「当時、誘拐犯に莫大な身代金を支払った」ことをのちに認めている。旧植民地だったアフリカの国でも、フランス人の誘拐・人質事件はこれまでたびたび発生している。フランス軍や同特殊部隊による救出作戦によって、解放されたケースもあれば、救出に失敗して人質が死亡したこともある。

1990年代には、中南米で日本人の誘拐・人質事件が多発した。当時はコロンビアやメキシコ等で、日系企業の駐在員や現地法人社長らが、左翼ゲリラ組織にたびたび誘拐されている。

96年にメキシコで起きた日本の電気機器メーカー社長の誘拐事件発生時には、同社の大阪本社での会見で、「身代金の支払いを検討している、資金の目処《めど》がついた」ことを明らかにしていた（発生から9日後に解放）。

また、98年にコロンビアで起きた現地の日本人農場主の誘拐事件では、家族が身代金支払いの資力がないことを証明するために、年金証書などを拘束グループに渡したことも公表された（発生から5カ月後に解放）。

当時、年間1000件以上の誘拐が起きていたコロンビアでは、相次ぐ誘拐事件に対して身代金支払いを禁止する法律も制定されたが、身代金を支払わずに殺害されるケースが相次ぎ、同法律は廃止された。

当時は、身代金の支払いは日本でも海外でも、「人質を救出するためのやむを得ない手段」として、政府も社会も容認する傾向があったと言えるだろう。同時に、当時は中南米の日本企業駐在員は海外の誘拐保険に加入する例も多く、それで身代金が支払われたケースも多いと見られる（誘拐保険は契約事項として、その加入の公表が禁じられていることが通例）。

2001年の「9・11同時多発テロ」以降、米国は国内外の「テロ組織」への資金援助や調達を厳しく制限することになり、米国政府は身代金の支払いには応じない姿勢をとってきた。英国もそれに歩調を合わせている。14年には国連安全保障理事会で、身代金の支払いに各国政府は応じないことを求める決議が全会一致で採択された（罰則規定はない）。

一方で、フランスやスペイン等は、アンダーグラウンドでの解放交渉や身代金の支払いに応じると言われる。シリアでは2011年以降、過激派組織「イスラム国（IS）」によって多くの外国人が拘束され人質になったが、米国人や英国人は殺害されて、フランス人やスペイン人は解放されている。

日本では、拘束・人質事件が起きたときに、たとえ無事解放されても、身代金の支払いの有無や救出にかかった費用の税金支出に関して、非難やバッシングが盛んに起きた。安田が解放された後も同じだが、他の国ではさほど起きない、日本特有の現象と言える。

安田解放に関しては、身代金の支払いに関する直接の事実はなく、彼自身も解放交渉に関わる「生存証明」を取られていないことを強調して、日本政府の身代金の支払いを否定している。直接解放にかかわった現地当事者の証言も出ていない段階で、安田解放に至る経過や身代金の支払いの有無に関して、言及することは困難だ。

しかし、これは日本でも海外のケースでも過去何度かあるが、もし拘束や解放に関与した当事者が身代金の支払いを、たとえのちに認めたとしても、それをもって安田が非難やバッシングを受ける正当性はまったくない。安田自身も恥じる必要はまったくない。身代金の支払いがあったがゆえに、「あの人質解放は失敗」「政府の交渉の汚点」とするかのような非難や扱いは、シリアでのフランス人やスペイン人の解放では起きていない。

＊

こうした例を見ると、悩ましき「問いかけ」に直面する。

ジャーナリストに限らず、海外で拘束・人質事件が発生した場合、身代金の支払いという選択肢は排除すべきか、否か。身代金を支払う以外に解放される見込みがない、人質の殺害が迫っているような状況が訪れたとき、それでも身代金の支払いには応じないという姿勢を貫くことが、人道上、正当なのかどうか。

今回は、安田純平の驚異的な精神力と忍耐力がもたらした生還だった。だが、彼ではなく、もし別のジャーナリストだったなら、もし本人からＳＯＳが発信されていたら、安田のように耐えられずに、「最悪の事態」を迎えていたかもしれない。

安田のように人質本人が自ら耐えしのぐしか、何らかの現地情勢や拘束グループの思惑が変わるような機会を待つしか、「救出手段」はないのか。それともあるのか。そして、今回と違って、もしＩＳのような残虐な人質殺害を実行する組織だった場合は、人質救出のためにどのような対応ができるのか、できないのか……。

極めて困難な問いかけと判断であるが、それでもやはり、日本政府と日本社会に問いかけなければならないと思う。

本書第2章の座談会の中でも述べたが、私自身は、安田が拘束された直後から、拘束映像や写真が公表された時期（2016年5月ごろ）までの間は、彼の友人ジャーナリストたちがとった解放に向けての「方針」（メディアには情報を流さない。アンダーグラウンドで情報を探る。持久戦に持ち込んで、身代金なしでの解放を目指す等）は、当時考えられる「最善の方針」だったと思う。もし万が一、自分自身がどこかの国や地域で拘束され人質とされても、このような「初動方針」をとってほしいと願うだろう。

その一方で安田の場合、こうした「初動方針」で打開できない、動きがない状態がその後長く続いた。「これが最後のチャンスです」と、安田が日本語メッセージを掲げた写真の公表以降、新たな映像が公開される2018年7月まで2年2カ月、そのうちの1年半以上もの間、彼は最も過酷な大規模収容所の独房生活と虐待を、たった1人で耐え忍んでいたことになる。

その間にも、彼の断片的な「生存情報」は何度かもたらされたが、安田解放に向けて、ジャーナリストとして「何をするべきか」「何ができるか」という思いと、「何をするべきではないか」「何をしないほうがいいか」という判断の間で、私自身も揺れ動いた。「危険地報道の会」とほかのジャーナリストたちとの間でも、安田の救出や解放を願う気持ちは同じだったが、それに向けた方針や戦略は、残念ながら最後まで足並みがそろわなかった。「日本政府による救出や交渉は望まない」という安田本人の意思は、紛争・戦争取材に携わるジャーナリストの覚悟としては、十分理解できる。私自身もそうだが、同じような意思を持つジャーナリストは多いだろう。

しかし、そうした本人の意思は尊重しつつも、民主主義社会と法治国家の原則論としては、本人の意思や「どんな人か」によって、日本政府の「邦人保護」責任や活動が左右されてはならないと、私は考えている。

2015年シリアでの後藤健二と湯川遥菜の殺害事件の経緯が典型だが、邦人の拘束・人質事件が起きた際、日本政府は「直接交渉はしない、身代金要求には応じない」という姿勢をとる。当時、安倍首相は「人命尊重」という言葉を繰り返しつつ、「テロには屈しない」という言葉も繰り返した。

日本政府のこうした姿勢の先に、何がもたらされるのか。直接交渉を行わずに人質を解放に導くことは可能なのか。救出・解放への選択肢がほかにない場合、身代金の選択肢を排除したがゆえに、人質が殺害された場合、「それはやむを得なかった」「最大限の策を取った」と言えるのか。フランス政府やスペイン政府が、シリアでの自国民の人質救出・解放に向けて取った策は、日本では有り得ないことだったのか……。

米国に本部を置く「CPJ（ジャーナリスト保護委員会）」は、後藤健二らの人質事件の際に、「あらゆる選択肢の検討」を日本政府に求めた。また、《命が危険にさらされた状況では「交渉しない」といった原則をただ繰り返すのではなく、少なくとも言葉のうえでは解決の余地をつくる必要がある。そうでないと、挑発的に受け取られる》という（朝日新聞「GLOBE」2015年4月5日号掲載記事から）。

邦人の拘束・人質事件をめぐる対応で、1人の日本人の「処刑」を私は思い出す。2004年にイラクで起きた香田証生の人質・殺害事件だ。彼は旅行者としてイラクに入り、武装組織に拘束された。身代金要求ではなく、イラクからの自衛隊撤退要求が日本政府に突きつけられた。当時の小泉純一郎首相は、事件発生直後の段階で、「自衛隊は撤退しない」と表明している。

人質の解放条件として、金銭要求以上に、政治的要求は困難を極めることは間違いない。

しかしあの時、同首相のみならず、日本社会は1人の日本人を、「助ける必要のない」「殺されても仕方がない」人間として、処刑されることを黙認したのではないかと、私は考えている。彼を処刑した実行犯は過激派組織「イラク・アルカイダ機構」のメンバーだったが、それを容認したのは誰だったか。香田は、日本政府や社会から「生きること」「助けられること」を否定されたに等しい。

現在の国際情勢を見ると、邦人の拘束・人質事件は再び起きるかもしれない状況に十分ある。その時に、当事者は何ができるか、日本政府はどんな対応をすべきか、家族や親族はどう動くか、周りの友人・知人は何をすべきか……。さまざまな想定やケースが考えられ、拘束組織の実態や要求によっても、対応はすべて異なる。「マニュアル」のような対応はない。

ただ、ジャーナリストであろうと、旅行者であろうと、その人の職業や属性、その人が何者かにかかわらず、1人の人間の生死の運命がかかったとき、その救出や解放にかかわる究極の問いかけは、日本政府の「邦人保護」責任だけではなく、日本のメディアや日本社会にも向けられている。

個人の行動「責任」や救出にかかわる「金銭」をめぐる追及をするのか。それとも、1人の人間の「人命保護」と「生きる権利」を最優先に考えて動くのか。

安田純平（やすだ じゅんぺい）
ジャーナリスト。

危険地報道を考えるジャーナリストの会

土井敏邦（どい としくに）
ジャーナリスト。

川上泰徳（かわかみ やすのり）
中東ジャーナリスト。

石丸次郎（いしまる じろう）
「アジアプレス・インターナショナル」大阪事務所代表。

綿井健陽（わたい たけはる）
ジャーナリスト・映画監督。

高橋弘司（たかはし ひろし）
横浜国立大学准教授。

五十嵐浩司（いがらし こうじ）
大妻女子大学教授。

集英社新書〇九八九B

自己《じこ》検証《けんしょう》・危険地報道《きけんちほうどう》

二〇一九年八月一四日　第一刷発行

著者……安田純平《やすだじゅんぺい》／危険地報道《きけんちほうどう》を考《かんが》えるジャーナリストの会《かい》

発行者……茨木政彦

発行所……株式会社集英社

東京都千代田区一ツ橋二−五−一〇　郵便番号一〇一−八〇五〇

電話　〇三−三二三〇−六三九一（編集部）
〇三−三二三〇−六〇八〇（読者係）
〇三−三二三〇−六三九三（販売部）書店専用

装幀……原　研哉

印刷所……凸版印刷株式会社

製本所……株式会社ブックアート

定価はカバーに表示してあります。

ISBN 978-4-08-721089-7 C0231

政治・経済――A

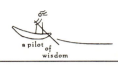

集英社新書　好評既刊

社会——B

教養の力 東大駒場で学ぶこと　斎藤兆史
消されゆくチベット　渡辺一枝
爆笑問題と考える いじめという怪物　太田光／NHK「探検バクモン」取材班
部長、その恋愛はセクハラです！　牟田和恵
モバイルハウス 三万円で家をつくる　坂口恭平
東海村・村長の「脱原発」論　村上達也／神保哲生
「助けて」と言える国へ　奥田知志／茂木健一郎
わるいやつら　宇都宮健児
ルポ「中国製品」の闇　鈴木譲仁
スポーツの品格　桑田真澄／佐山和夫
ザ・タイガース 世界はボクらを待っていた　磯前順一
ミツバチ大量死は警告する　岡田幹治
本当に役に立つ「汚染地図」　沢野伸浩
「闇学」入門　中野純
100年後の人々へ　小出裕章
リニア新幹線 巨大プロジェクトの「真実」　橋山禮治郎

人間って何ですか？　夢枕獏 ほか
東アジアの危機「本と新聞の大学」講義録　一色清／姜尚中 ほか
不敵のジャーナリスト 筑紫哲也の流儀と思想　佐高信
騒乱、混乱、波乱！ ありえない中国　小林史憲
なぜか結果を出す人の理由　野村克也
イスラム戦争 中東崩壊と欧米の敗北　内藤正典
沖縄の米軍基地「県外移設」を考える　高橋哲哉
日本の大問題「10年後」を考える ——「本と新聞の大学」講義録　一色清／姜尚中 ほか
原発訴訟が社会を変える　河合弘之
奇跡の村 地方は「人」で再生する　相川俊英
日本の犬猫は幸せか 動物保護施設アークの25年　エリザベス・オリバー
おとなの始末　落合恵子
性のタブーのない日本　橋本治
ジャーナリストはなぜ「戦場」へ行くのか ——取材現場からの自己検証　危険地報道を考えるジャーナリストの会・編
医療再生 日本とアメリカの現場から　大木隆生
ブームをつくる 人がみずから動く仕組み　殿村美樹
「18歳選挙権」で社会はどう変わるか　林大介

集英社新書　好評既刊

歴史・地理――D

日本人の魂の原郷 沖縄久高島	比嘉康雄
沖縄の旅・アブチラガマと轟《とどろき》の壕	石原昌家
アメリカのユダヤ人迫害史	佐藤唯行
怪傑！ 大久保彦左衛門	百瀬明治
ヒロシマ――壁に残された伝言	井上恭介
英仏百年戦争	佐藤賢一
死刑執行人サンソン	安達正勝
パレスチナ紛争史	横田勇人
ヒエログリフを愉しむ	近藤二郎
僕の叔父さん 網野善彦	中沢新一
ハンセン病 重監房の記録	宮坂道夫
勘定奉行 荻原重秀の生涯	村井淳志
沖縄を撃つ！	花村萬月
反米大陸	伊藤千尋
大名屋敷の謎	安藤優一郎
陸海軍戦史に学ぶ 負ける組織と日本人	藤井非三四
在日一世の記憶	小熊英二 姜尚中 編
徳川家康の詰め将棋 大坂城包囲網	安部龍太郎
名士の系譜 日本養子伝	新井えり
知っておきたいアメリカ意外史	杉田米行
長崎グラバー邸 父子二代	山口由美
江戸・東京 下町の歳時記	荒井修
愛と欲望のフランス王列伝	八幡和郎
日本人の坐り方	矢田部英正
江戸っ子の意地	安藤優一郎
人と森の物語	池内紀
ローマ人に学ぶ	本村凌二
北朝鮮で考えたこと	テッサ・モーリス-スズキ
ツタンカーメン 少年王の謎	河合望
司馬遼太郎が描かなかった幕末	一坂太郎
絶景鉄道 地図の旅	今尾恵介
縄文人からの伝言	岡村道雄
14歳〈フォーティーン〉 満州開拓村からの帰還	澤地久枝

a pilot of wisdom

日本とドイツ ふたつの「戦後」　熊谷　徹
江戸の経済事件簿 地獄の沙汰も金次第　赤坂治績
消えたイングランド王国　桜井俊彰
「火附盗賊改」の正体 ——幕府と盗賊の三百年戦争　丹野　顯
在日二世の記憶　小熊英二 高賛侑 高秀美 編
シリーズ〈本と日本史〉①『日本書紀』の呪縛　吉田一彦
シリーズ〈本と日本史〉③ 中世の声と文字 親鸞の手紙と『平家物語』　大隅和雄
シリーズ〈本と日本史〉④ 宣教師と『太平記』　神田千里
「天皇機関説」事件　山崎雅弘
列島縦断 「幻の名城」を訪ねて　山名美和子
大予言「歴史の尺度」が示す未来　吉見俊哉
十五歳の戦争 陸軍幼年学校「最後の生徒」　西村京太郎
物語 ウェールズ抗戦史 ケルトの民とアーサー王伝説　桜井俊彰
シリーズ〈本と日本史〉② 遣唐使と外交神話『吉備大臣入唐絵巻』を読む　小峯和明
テンプル騎士団　佐藤賢一
司馬江漢「江戸のダ・ヴィンチ」の型破り人生　池内　了
写真で愉しむ 東京「水流」地形散歩　小林紀晴 監修・解説 今尾恵介

近現代日本史との対話【幕末・維新—戦前編】　成田龍一
近現代日本史との対話【戦中・戦後—現在編】　成田龍一
マラッカ海峡物語　重松伸司
アイヌ文化で読み解く「ゴールデンカムイ」　中川　裕
始皇帝 中華統一の思想『キングダム』で解く中国大陸の謎　渡邉義浩
歴史戦と思想戦——歴史問題の読み解き方　山崎雅弘

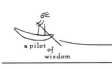